古代美術史研究

初編

第4冊

禪宗美學研究

曾議漢 著

花木蘭文化出版社

國家圖書館出版品預行編目資料

禪宗美學研究／曾議漢 著 —— 初版 —— 新北市：花木蘭文化出
版社，2017〔民106〕
目 2+168 面：19×26 公分
（古代美術史研究 初編：第 4 冊）
ISBN：978-986-254-078-7（精裝）
1. 禪宗　2. 美學
226.6　　　　　　　　　　　　　　　　　　　98015388

ISBN-978-986-254-078-7

古代美術史研究
初　編　第四冊　　　　　　ISBN：978-986-254-078-7

禪宗美學研究

作　　　者　曾議漢
總 編 輯　杜潔祥
副總編輯　楊嘉樂
編　　　輯　許郁翎、王筑　美術編輯　陳逸婷
出　　　版　花木蘭文化出版社
社　　　長　高小娟
聯絡地址　235 新北市中和區中安街七二號十三樓
　　　　　　電話：02-2923-1455／傳眞：02-2923-1452
網　　　址　http://www.huamulan.tw 信箱 hml 810518@gmail.com
印　　　刷　普羅文化出版廣告事業
初　　　版　2017 年 3 月
全書字數　133302 字
定　　　價　初編 15 冊（精裝）新台幣 30,000 元　　　版權所有・請勿翻印

禪宗美學研究

曾議漢　著

作者簡介

曾議漢，2004 年畢業於中國文化大學哲學研究所博士班，目前任教於高雄燕巢樹德科技大學通識教育學院，曾任帕米爾書店經理兼編輯、華梵大學哲學系助教兼文學院秘書，專長文化學、人生哲學、禪宗美學、書法美學，編著《永遠的弘一法師》（一）（二）、《錢穆文化學思想初探》（碩士論文）、《禪宗美學研究》（博士論文）、《經典選讀》（多人合著），相關論文十餘篇，喜愛中國的書法及西洋古典音樂。

提　　要

　　以「禪宗美學」為主題，希望從文化學的角度，放眼於人類文化與生活，結合佛教禪宗對生命的終極關懷與美學審美活動的展現，探究其理論、實踐及對中國藝術的影響。並進一步說明禪宗美學研究與追求受到禪宗宗教哲學對生命的終極關懷極大的影響，進而影響到對人間秩序的安排，美學美育若能汲取宗教精神，則更能提昇其關懷的境界與層次。

　　本文所關注的，正是因應此一觀點所作的深入探討，藉由禪宗美學的研究，從生活、文化與美學的思維角度，提出可供現代人參考的生活方針。緒論先說明研究動機及前人研究成果。第二章「禪宗美學概觀」，以「無常之美」發端，說明禪宗美感經驗的呈現，乃是通過禪的剎那觀照，使「空性」在感性現象中頓現，進而溯源探討禪宗美學的精神淵源及其基本性格，作為本文問題意識的緣起，第三章探討「禪與自然」的關係及其審美美直觀的誕生。第四章經由針對禪宗哲學與禪宗美學關係的探討，建構禪宗美學的理論基礎。第五章探討禪宗美學對「美」的看法。第六章從回歸人的自然本性的過程中，探求禪宗美學的審美感受與生命境界，及其對藝術的影響。第七章說明禪宗美學現世關懷的特色，勾勒出禪宗美學的文化反思。禪的審美意識與自然之境相依而生，在回歸自然之境的過程中，禪創造了禪的生活藝術，賦予禪的審美以生命的終極關懷，滿足了生命不朽的需求，提供了逐漸物化、異化的現代人一種新的選擇，值得現代社會進一步探索與反思。

目

次

第一章 緒 論

第一節 研究動機

一、禪宗美學研究問題之緣起

　　關於禪是宗教、是哲學，抑或是藝術？歷來學者討論甚多，最著名的觀點是日本禪學大師鈴木大拙在其《通向禪學之路》的緒論中所說「禪宗凝聚了東方所有的哲學」，而在該書的〈什麼是禪？〉一文中又指出：

> 把禪當作一般意義上的哲學看待是不行的。[註1]

鈴木大拙認為「禪是心靈化的」，與「靠邏輯與分析的哲學體系全然不同」，「禪宗在理性分析上什麼也沒有教給人們」、「禪宗是混沌渾然的」，但是最後鈴木大拙仍提出「禪宗乃是通過否定而標舉完全積極的永遠肯定的事物」，[註2]可知鈴木大拙乃是運用禪宗的辯證法來說明禪與哲學的關係。

　　同樣的方法也運用在論述禪宗與宗教的關係上，鈴木大拙說：

> 有人問，禪是宗教嗎？
>
> 按照一般宗教定義來說，它不是宗教，因為在禪宗那裡，既沒有應當頂禮膜拜的神，也沒有應當遵循的儀式，既沒有死者往生的樂土，也沒有祈念冥福的目標，也沒有人們強烈關心的滅或不滅的靈魂。

[註1] 鈴木大拙著，葛兆光譯，《通向禪學之路》，上海古籍出版社，1990 年版，頁 8。
[註2] 鈴木大拙著，葛兆光譯，《通向禪學之路》，上海古籍出版社，1990 年版，頁 8～9。

禪宗完全擺脫了這種通過類似教義構成的宗教性的羈絆。〔註3〕
鈴木大拙的觀點說明禪宗並不具備西方猶太教或基督教中「神」的觀念，但是「禪宗的非宗教性不過是它的外觀，真正的宗教信仰者終究會在禪宗那些粗俗鄙野的話語中體會到那令人驚訝的、豐富的宗教性」。〔註4〕這裡同樣可以理解鈴木大拙亦是運用禪宗的辯證法來說明禪與作爲一般意義的宗教之關係。鈴木大拙認爲「冥想」也不是禪，禪追求心靈的自由，而「冥想」則必須把自己的注意力集中在某種事物上，如神靈的至尊性、無限的愛、人世的無常等等。〔註5〕鈴木大拙認爲禪宗的目的是使每個人的心靈自由無礙，任何使精神集中的觀念都是使精神不得自由的陷阱，鈴木大拙說：

> 禪宗提倡直接感受水暖水冷，就像我們平時受凍顫抖喜歡傍火而坐一樣的直接感受。正如浮士德（Faust）所說的那樣，感情即是一切，而我們所有的議論都不能真切地觸摸實在。不過，「感情」這一詞在這裡必須從最深刻的意義或最純粹的形式上去理解，只是說「這是感情」並不是禪，禪宗排斥一切由概念構成的東西，禪之所以難以把握也正在於此。〔註6〕

鈴木大拙認爲禪宗是知覺型的，禪就是「徹底的活動本身」。〔註7〕通過鈴木大拙的分析，可以看到他對禪的解釋是比較接近於美學式的認識。日本當代禪學家阿部正雄在其《禪與西方思想》一書中也是以否定式的詮釋說明：

> 禪是一種基於超越思量與不思量的「非思量」的哲學，以「自我覺悟」爲基礎，由智慧和慈悲所引發。……禪既不是反理智主義的，也不是一種膚淺的直覺主義，更不是對達到動物式自發性的一種鼓吹，更確切地說，禪蘊涵著一種深奧的哲學。雖然知解不能代替禪悟，但修行若無適當合理的知解形式，往往會誤入歧途。〔註8〕

〔註3〕 鈴木大拙著，葛兆光譯，《通向禪學之路》，上海古籍出版社，1990年版，頁9。
〔註4〕 鈴木大拙著，葛兆光譯，《通向禪學之路》，上海古籍出版社，1990年版，頁10。
〔註5〕 鈴木大拙著，葛兆光譯，《通向禪學之路》，上海古籍出版社，1990年版，頁11。
〔註6〕 鈴木大拙著，葛兆光譯，《通向禪學之路》，上海古籍出版社，1990年版，頁12。
〔註7〕 鈴木大拙著，葛兆光譯，《通向禪學之路》，上海古籍出版社，1990年版，頁12。
〔註8〕 阿部正雄，《禪與西方思想》，台北桂冠圖書公司，1992年版，頁4。

阿部正雄所說深奧的哲學乃是比之於黑格爾的辨證哲學，所不同者在於禪經過「否定之否定」之後所得到是「絕對的無」，而不是某種絕對精神等實體性的東西。〔註9〕禪透過認識不可得本身便是真我的活動，這是一種對概念性空掉的轉變，克服自我疏離及其附著在自我身上的焦慮，達到與自然圓融無礙的境界。

宗白華先生在〈中國藝術意境之誕生〉一文中也提到：

> 禪是動中的極靜，也是靜中的極動，寂而常照，照而常寂，動靜不二，直探生命的本源，禪是中國人接觸佛教大乘義後體認到自己心靈的深處而燦爛地發揮到哲學境界與藝術境界。靜穆的觀照和飛躍的生命構成藝術的兩元，也是構成「禪」的心靈狀態。……所以中國藝術意境的創成，既須得屈原的纏綿悱惻，又須得莊子的超曠空靈。纏綿悱惻，才能一往情深，深入萬物的核心，所謂「得其環中」。超曠空靈，才能如鏡中花，水中月，羚羊掛角，無跡可尋，所謂「超以象外」。色即是空，空即是色，色不異空，空不異色，這不但是盛唐的詩境，也是宋元的畫境。〔註10〕

宗白華先生認為禪是中國人發揮佛教大乘義，所達到的「哲學境界」與「藝術境界」，既有靜穆的觀照，亦展現出活潑飛耀的生命力，在中國歷史上開拓出盛唐的詩境與宋元的畫境等文化上的盛世，亦是全人類文化的瑰寶。

綜合言之，禪不是一般意義理解中的哲學，禪無法以邏輯分析建立成為一個完整的哲學體系，因為禪是心靈化的，禪正是透過「不立文字」的精神，來認識事物的實相，禪在哲學境界上高度發展；禪不是一般意義理解中的宗教，禪並不具備宗教儀式與膜拜的對象，禪發展出獨特的修行解脫的宗教精神與方法。禪也不等同於藝術，禪偏向於心靈化的，藝術則偏於心靈對物質世界的改造與創作，在藝術中可以含藏著禪的精神。因此，關於禪的意義探究，仍舊存在著因方法問題的不同，著名學者如胡適「把禪放在它的背景中加以研究」，而鈴木大拙卻批評那是「對歷史背後的行為一無所知」的歷史方法，彼此方法立場的不同，造成對禪宗認知與研究上的差異。

本文的研究立場取法于宗白華的研究方式，從宗教、哲學、美學、藝術、文學等角度來研究理解禪，禪是一種心靈境界，滲透到文化生活各方面，哲

〔註9〕　阿部正雄，《禪與西方思想》，台北桂冠圖書公司，1992 年版，頁 20。
〔註10〕　宗白華，《藝境》，北京大學出版社，1987 年版，頁 156～157。

學境界與藝術境界，對禪宗的研究似乎不必侷限於史料的考據或宗教學的研究，應該擴大到多元文化的研究，擴大研究的視域，提升禪宗研究的風氣，以及對多元文化價值的貢獻。目前禪美學研究，多偏重在文學藝術創作方面或宗教意義上的探討，從文化哲學、文化整體觀角度的研究，似乎較少，本文嘗試以宏觀的角度來探究禪宗美學的基本思想及其特色，尤其是禪宗哲學對其美學風格的形成發揮了決定性的作用，影響到禪宗美學的審美特性與價值的追求，進一步對中國唐朝以後美學的發展發生全面性的影響。

以「禪宗美學」作為研究的主題，字面上的意義包涵作為宗教的「禪宗」與具有哲學反思意義的「美學」，涵蓋層面太大，容易發生岐義，如何將兩方面結合，扣緊二者的基本精神，作出綜合性的研究，凸顯禪宗在美學方面的特色與建樹，是本文研究的重點。在進入主題研究之前，必須針對一些前沿問題略作說明，進行自我規範與限制，以避免主題研究的領域擴大與漫衍。

禪宗，首先是佛教宗派之一支，就宗教意義而言，如榮格所言：「宗教是人類精神的一種專門態度」，Religio（拉丁字原文）這個字本來即含有一種「專門觀察」和「細緻思索」的態度，也是對人性可能性的探索，能滿足人性最深刻的需求，具有完滿性、完整性的意義，成為統合人內外一致性的能動力，〔註11〕這也是宗教在人生與文化上具有本根性的意義與價值的重要因素，或可認為宗教乃人生之樹的根部、為生命之根，無根部則生命之樹如何立足？

禪宗在文化結構上屬於佛教宗教意義的層面，禪宗始終關懷著人的解脫，究竟如何解脫，佛教及禪宗各宗派說法各異，但無不繼承佛陀救度眾生的悲願與終極關懷，尤其是生活在現代工業機械化世界中的現代人，生命的真實存在逐漸地被異化，宗教意義層面的終極關懷更顯得重要，禪宗在文化意識的研究上，更具有意義治療學的價值。〔註12〕

威廉・詹姆斯在其《宗教經驗種種》一書中指出，宗教研究中有兩種闡釋方式：一種是「事實判斷」（existential judgment），另一種則是「價值判斷」（judgment of value），前者以「關於這個事物的性質如何，它怎麼來的，它的構造、起源和歷史怎樣」為研究重點，後者研究的則是「它的重要、含義和蘊義如何」。禪學研究更應該兼顧二者，除了彰顯禪宗的歷史真相之外，尤其更應該發掘禪宗對當代的意義與價值。

〔註11〕劉墨，《中國藝術美學》，江蘇教育出版社，1993 年版，頁 180。
〔註12〕林安梧，《中國宗教與意義治療》，台灣明文書局，1996 年出版，頁 7。

　　作爲宗教意義的影響，禪宗在文化上所發揮的作用，是從文化與生活的根本底層對人生命的往下紮根，使人的生命獲得無窮豐富的滋養，這種精神風格也發生在禪宗美學審美趣味的尋求過程中，使人在不斷地回歸中，獲得了生命的淨化與純粹性的生發，從而激發出更大的創造力。這種論點與托爾斯泰的藝術目的論相近，托爾斯泰認爲藝術的目的在提昇人類善良崇高的情操，以達到道德、宗教的境界；〔註13〕尤其是西方自文藝復興以來，科學日益昌盛，宗教的地位與影響力，日益動搖；加上各種美學流派的興起，提出種種對宗教的質疑，要求「爲藝術而藝術」等主張，亦造成對宗教美學藝術極大的衝擊！

　　就宗教與藝術的起源而論，初民社會中人類面對大自然的瑰麗，所懷想著崇高與驚奇的心情，表現在各種壁畫與器物的製作上，無不流露出人類對自然與生命秩序的感動，此時刻的宗教與藝術似乎同胎孕生了，並成長茁壯，〔註14〕時而相激相盪，時而分道揚鑣，惟藝術重在人類心靈面對物質的調治而傳達出心靈的活動，宗教則直接呈現人類的宇宙情懷與對生命秩序的安頓。宗教與藝術的結合在佛教藝術與佛教美學上，提供了最佳的示範，爲數眾多、不可勝述的佛教繪畫、雕塑、書法、建築等，無不蘊含著豐富的佛教慈悲精神。英國歷史學家湯恩比在其《歷史研究》一書中所羅列世界文化中的十九個社會，幾乎每一個文化社會皆以宗教作爲形成的中心元素，而發展出差異不同的文化，相對地亦影響到其文化審美觀的不同，產生出不同的藝術。黑格爾在其《美學》一書中闡明宗教與藝術的關係時說：

　　　　最接近藝術而比藝術更高一級的領域就是宗教。宗教的意識型態是
　　　　觀念，因爲絕對離開藝術的客體性相而轉到主體的內心生活，以主

〔註13〕蔣勳，〈大乘思想影響中國佛教藝術〉，引文見於《佛教與中國文化》（張曼濤主編現代佛教學術叢刊，第二輯之八。）台北大乘文化出版社，1978年版，頁190。蔣勳在文中提到：「傳統的藝術血脈，在十九世紀產生了一股不小的逆流；囂俄（V.Hugo）、高第頁（Gautier）、左拉（Zola）、海納（Heine）、惠塞洛（Wfistler）、王爾德（Wilde）、丕德（Walter Pater）的提倡、傳佈，致使一向親如手足的藝術與宗教，藝術與道德之關係發生動搖，他們提出的口號是『爲藝術而藝術』（Art for Art sake），使哲學科學歸屬於『眞』，倫理宗教歸屬於『善』，藝術歸屬於『美』，各自獨立，毫無關涉。這種逆流，無論對東方或西方的傳統藝術，都是一項強烈的挑戰。」

〔註14〕蔣勳，〈大乘思想影響中國佛教藝術〉，引文見於《佛教與中國文化》（張曼濤主編現代佛教學術叢刊，第二輯之八。）台北大乘文化出版社，1978年版，頁189。

體方式呈現於觀念，所以心胸和情緒，即內在的主體性，就成爲基
本要素了。這種從藝術轉到宗教的進展可以說成這樣：藝術只是宗
教意識的一個方面。〔註15〕

依據黑格爾所說，可知黑格爾重視人類內在的主體性與人類的內心生活，宗
教與藝術都是人類自我意識不同面向與層次的投射，透過藝術可以呈現宗教
精神一面的風貌。

宗白華教授在論述文學藝術與宗教的關係時也說：

文學藝術是表現「美」的。文藝從它的左鄰「宗教」獲得深厚熱情
的灌溉，文學藝術和宗教攜手了數千年，世界上最偉大的建築雕塑
多是宗教的。第一流的文學作品也基於偉大的宗教熱情。〔註16〕

佛教經過兩千多年來的發展，孕育出豐富多采的文學藝術，後來甚至產生出
波濤壯闊的禪藝合流的文化現象！

由佛教禪宗所開顯出來的美學精神，表現在王維的詩歌、宋代的山水畫、
日本的茶道、禪庭及禪宗寺廟建築等，無不蘊含著深刻的文化學意義之治療功
能，都直接或間接導向於佛陀救度眾生的終極關懷，這也是佛教傳進中國以後，
由格義、經典翻譯、宗派建立，自然而然的發展擴大到對整個生活文化層面的
影響，佛陀的精神才更進一步地融入中國人的生活與生命信仰之中，對中國文
化發生深厚的交流與融合作用，開創出融會儒道佛精神的禪美學思想，這是禪
本身所具備的文化特質及其經文化交流融合衝擊下的創造性力量。

因此可知佛教禪宗在宗教意義上就對其美學精神發生了決定性的指導作
用，楊惠南教授在其「佛教美學」的論述中即提到：

佛教美學並不是「爲藝術而藝術」，而是試圖透過藝術以達到詮示眞
理的目的。〔註17〕

此說法說明佛教禪宗美學的基本性格及其定位，相對地也反映出「爲藝術而
藝術」的美學觀立論的單薄。

以上就文化治療學、藝術目的論、文化交流創造性及宗教藝術精神等方
面，論述禪宗作爲佛教宗派的本質。韓林德先生在其〈禪宗與中國美學〉一

〔註15〕黑格爾，《美學》，北京商務印書館，1994年版，頁132。
〔註16〕宗白華，《宗白華全集》（二），安徽教育出版社，1994年版，頁347。
〔註17〕楊惠南，〈佛教美學〉引自台北空中大學印行姜一涵、曾昭旭等人合著之《中
國美學》第四章，1992年版，頁116。

文中也提到：

> 嚴格地說，禪宗佛學是宗教哲學，並不是藝術哲學。但是禪宗佛學
> 所論述的許多基本問題與審美和藝術有相通、相關和相似之處，所
> 以禪宗佛學在中國歷史上的出現，客觀上起到了推動中國美學向縱
> 深發展的作用。〔註18〕

由於禪宗在文化上的影響是多方面且深刻的，尤其是在對中國美學精神上發
生決定性的影響，因此在此提出作為本文前沿問題的釐清工作之一。

二、論文寫作動機與研究過程

第二部分說明研究動機以及研究的過程。仔細思考促成以「禪宗美學」作
為本文研究主題的主要原因，最初應該是受到弘一法師的影響很大，中學時期
曾讀到夏丏尊〈生活的藝術〉的文章，描寫弘一法師出家後的生活點滴，洋溢
著禪的意境之美，非常感動。大學畢業後在尉天驄教授主持的帕米爾書店當編
輯，增編了一套《永遠的弘一法師》，這一段時期大量地收集弘一法師的資料，
更深入了解弘一法師的生平事蹟及其佛學思想（附圖 1）。後來參加佛教團體舉
辦的西藏拉薩藏傳佛教之旅，逐漸產生佛學研究的興趣。碩士班畢業的時候，
在華梵大學哲學系當助教，就有更多接觸佛教的機會，因為研究弘一法師的書
法藝術，開始研究魏碑如《龍門二十品》（附圖 2）、《張猛龍碑》（附圖 3）、鄒
縣《四山摩崖》（附圖 4、5）的佛教書法等，並於 1997 年參加由華梵大學美術
系主任李蕭錕教授帶領的書法參訪團實地到鄒縣的岡山鐵山等四山佛教書法摩
崖考察研究、也到了曲阜孔廟、岱廟、孟廟、濟寧、濟南、嘉祥之武梁祠等博
物館參觀做了一趟書法之旅。此階段興趣逐漸轉到了佛教藝術美學。考上了博
士班，2000 年又參加台北藝術大學林保堯教授所帶領的研究生團隊到河南省做
了一次佛教造像之旅，參觀了洛陽的龍門石窟、鞏縣石窟、蓮花洞石窟、白馬
寺、打虎亭的漢墓、嵩山的少林寺，也看到達摩面壁的石壁。印象最深刻的、
最感動的還是北魏的石窟，尤其是鞏縣石窟宏偉的佛像造像！但是最好奇的
是，在中國大陸各大廟宇似乎不容易感受到禪宗的氣息。

于 2001 年博士班二年級剛好有機會參加台灣美學學會到日本開會的參訪
團，住在奈良、京都，深深感受到佛教禪宗對日本文化生活的影響，短短幾

〔註18〕韓林德，〈禪宗與中國哲學〉，引自《中國審美意識的探討》，北京中國戲劇出
版社，1989 年版，頁 142。

天的觀察，發現日本人非常的敬業，環境非常的乾淨，多麼希望台灣未來也
能像日本一樣乾淨，人民敬業樂群，內心突然出現了一個生命理想的藍圖。
後來才發現這也是孕育弘一法師的生活藝術與書法藝術的重要因素之一，日
本有許多的禪僧的書法也影響到弘一法師的書法。到了博士班三年級選定論
文題目的時候，就想到了「禪宗美學」這個題目。以上所述是課外的活動，
是屬於外緣的學習、觀察與印證之旅。

　　研究過程中影響最大的還是課堂上受到姜允明老師的影響，一年級修「宋
明理學」的課，姜老師是陳白沙的專家，白沙的詩歌常在耳際廻繞，令人心嚮
往之，又提出「明心見性與自得之學」的研究課題，作為比較禪宗與儒家思想
的異同，並進一步研究《六祖壇經》，發現禪宗對宋明理學的影響極大。二年級
最沉重的佛學課程，尤其由李志夫教授開設的「成唯識論」是博士班的必修課，
不但內容艱深，作業與課堂報告的壓力也很大！不過也進一步認識到佛學的博
大精深。二年級還選修了研究所石朝穎教授開設的美學課程，接觸到存在主義
與人性的終極關懷，還有迦達瑪的詮釋學重視「視域的擴大與融合」對理解的
影響，另外多種中西哲學方法論的訓練課程，給我論文的寫作很多的啟發！

第二節　前人研究成果

一、禪宗美學研究的概況

　　禪宗美學的研究在現代中國古典美學的研究過程中，似乎一直處於被冷
落的地位。到了 1980 年代隨著文化熱、禪宗熱的興起，學術界才逐漸重視這
個研究領域。〔註 19〕雖然陸續出版多本禪宗美學相關的學術著作，如葛兆光
《禪宗與中國文化》（1986 年）〔註 20〕、李澤厚《中國古代思想史論》（1986
年）〔註 21〕、宗白華《藝境》（1987 年）〔註 22〕、李淼《禪宗與中國古代詩歌
藝術》（1990 年）〔註 23〕皮朝綱、董運廷《靜默的美學》（1991 年）〔註 24〕、

〔註 19〕劉方，〈中國當代禪宗美學研究概觀〉，《西南民族學報》雜誌（社會科學版），
　　　　1996 年第 1 期，頁 10。
〔註 20〕葛兆光，《禪宗與中國文化》，上海人民出版社，1986 年初版。
〔註 21〕李澤厚，《中國古代思想史論》，北京人民出版社，1996 年版。
〔註 22〕宗白華，《藝境》，北京大學出版社，1987 年版。
〔註 23〕李淼，《禪宗與中國古代詩歌藝術》，長春出版社，1990 年版。
〔註 24〕皮朝綱、董運廷，《靜默的美學》，成都科技大學出版社，1991 年版。

曾祖蔭《中國佛教與美學》（1991 年）〔註25〕、王海林《佛教美學》（1992 年）〔註26〕、張育英《禪與藝術》（1992 年）。〔註27〕潘知常《生命的詩境——禪宗美學的現代詮釋》（1993 年）〔註28〕、皮朝綱《禪宗美學史稿》（1994 年）〔註29〕、張節末《禪宗美學》（1999 年）〔註30〕等著作，在此熱絡的研究風潮之下，使禪學研究的範圍越來越豐富，但相對地也產生許多新的問題，依據王海林教授對禪宗美學的研究現狀指出下列五種情形：

> 一、是把佛教等同於禪宗，把佛教的許多概念、義理，都隸於禪宗門下，進而把佛教對文學的影響都視為禪宗對文學的影響。
>
> 二、誇大了禪宗與其他宗派的區別。
>
> 三、誇大了禪宗直覺頓悟和隱晦表述的價值。
>
> 四、只重禪宗的認識論、方法論，不重其本體論。
>
> 五、重視其外圍研究，樂於勾稽以禪喻詩、以禪入詩、以禪論詩等外圍現象來實證禪宗美學。〔註31〕

王教授的觀點具有宏觀與反省能力，正是希望釐清禪宗美學研究的範圍與重點，不要把研究範圍誇大或氾濫。皮朝綱先生在其《禪宗的美學》序言也提到：

> 從目前的研究成果看，較多的注意到了禪宗思想對中國古代美學和藝術思維的啟示和影響，剖析了禪宗思想和美學思想、藝術思維的相似、相通之處，但對禪宗美學思想本身的諸多問題（諸如禪宗美學的性質、特徵，禪宗美學的基本範疇及其邏輯結構，中國禪宗美學思想的發生、發展和演變軌跡，等等）尚未開展系統的、全面的研究，其中不少問題（比如禪宗美學的範疇體系，一些禪宗大師的美學思想）還是屬於未開墾的「處女地」。〔註32〕

皮先生的主張建議禪宗美的研究，應當落實到禪宗美學自身思想結構系統的

〔註25〕曾祖蔭，《中國佛教與美學》，華中師範大學出版社，1991 年版。
〔註26〕王海林，《佛教美學》，安徽文藝出版社，1992 年版。
〔註27〕張育英，《禪與藝術》，浙江人民出版社，1992 年版。
〔註28〕潘知常，《生命的詩境——禪宗美學的現代詮釋》，杭州大學出版社，1993 年版。
〔註29〕皮朝綱，《禪宗美學史稿》，電子科技大學出版社，1994 年版。
〔註30〕張節末，《禪宗美學》，浙江人民出版社，1999 年版。
〔註31〕王海林，《佛教美學》，安徽文藝出版社，1992 年版，頁 199～200。
〔註32〕皮朝綱，《禪宗的美學》，高雄麗文圖書公司，1995 年版，頁 1。

建立。另外張節末先生在其《禪宗美學》一書中試圖以「美學的突破」的觀點作爲研究「禪宗美學」與文化變遷的問題意識，他的基本看法：

> 莊、玄和禪這些非主流文化對儒這一主流文化及其所代表的禮樂
> 文化傳統的突破，所運用的主要武器或重要武器就是美學。〔註33〕

張先生運用西方社會學家、史學家和哲學家在研究古代文民發展時所使用的「突破」觀念，此概念乃沿用余英時先生研究中國文化時所使用之方法。可見現代的禪學研究領域，亦從早期禪宗信仰、禪宗史料、禪詩文藝等方面的研究，擴大到美學文化學領域。

　　另外如皮朝綱先生《禪宗的美學》，偏重文學性的探討。普穎華先生的《禪宗美學》，亦偏重文學性的探討，思想性哲學性不足。吳汝鈞《遊戲三昧：禪的實踐與終極關懷》，具有哲學性的深度，但有簡化禪宗美學的傾向。劉墨先生《禪學與藝境》，在各家研究中屬資料詳實豐富的一本著作，但是理論性不強，多是說明性的文字解說，作者對禪藝術有較深刻的體會。宗白華先生《藝境》對中國美學與禪美學的體會最深刻，但惜墨如金，相關論述很少。王海林先生的《佛教美學》偏重佛教整體的探討，對禪宗美學只有小篇幅的說明，不是該書研究重點。祁志祥先生的《佛教美學》亦偏重佛教整體的探討，對禪宗美學只有小篇幅的說明，不是該書研究重點。楊惠南教授的《佛教美學》一章以佛教整體美學的宏觀角度研究，探討中國佛教各宗派美學的比較與差異，極具有啓發性，但僅限於一章，篇幅非常短。李澤厚先生的《華夏美學》中一篇〈形上追求〉談到佛教禪宗對中國文藝影響的現象，理論性的論述仍顯不足。

　　面對這些研究著作，各有優缺點，在研究過程中提供了多方面思考的憑藉，但似乎都不能滿足，大部分都比較偏向文藝美學的探討，在哲學上的研究則必須擴大研究與理解的視域，廣度上必須從文化的全範圍著眼，因爲禪宗的影響不止於文藝，而是擴大到文化的各層面，在深度上至少必須具備哲學上追根究底的精神，這樣才能使禪宗與美學的研究不侷限古代宗教或文藝美學的研究，進而擴大成現代文化文明發展反省的參考，這樣的研究才能提升禪宗美學研究的價值。限於學力與時間的限制，本文的研究尚未能達到理想的境界，唯希望能做到拋磚引玉的效果，或能引起學術界更多的注意與研究。

〔註33〕張節末，《禪宗美學》，浙江人民出版社，1999年版，頁2。

二、研究方法與思想進路

　　本文的研究的特色與目的，就研究的廣度方面而言，首先便是希望能運用新的研究方法，擴大研究的視域，如詮釋學者迦達瑪所說的「視域的融合」或「視域的擴大」，可以刺激研究者用新的眼光或方法來研究禪宗美學，如論文結論部分所述。其次希望能扣緊中國近代美學研究發展的脈絡，凸顯禪宗美學研究的當代意義與價值。就研究的深度而言，擴大研究的視域，才能進一步追根究底探索禪宗美學的基本精神關注所在，如此對禪宗的理解才能較全面性完整地掌握，注意禪宗思想發展前後的連貫性，不至流於朦朧的概念式的描述，如本文第四章第二節，從文化的角度探討禪宗「不立文字」的內在精神以及其對禪宗美學的影響，不致自限於語言文字的研究範圍。

　　本文以「禪宗美學」為主題，包含著關於禪宗美學研究與追求，禪宗美學亦受到宗教哲學對生命的終極關懷極大的影響，進而影響到對人間秩序的安排，因此，可看出美育與宗教無須對立，亦無須如蔡元培所言「以美育代替宗教」，美學更應汲取宗教精神以提昇其關懷的境界與層次，「禪宗美學」研究課題之提出，希望從文化學的角度，放眼於人類文化與生活，結合佛教禪宗對生命的終極關懷與美學審美活動的展現，作為蔡元培「以美育代宗教」〔註34〕觀點之進一步發展。

　　基於上述前提，本論文首先面對的問題是：立基於佛教哲理的禪美學，強調一切皆空，如何在反美學中建構禪美學？〔註35〕如鈴木大拙認為的，禪不斷地吸收了中國傳統人文精神，充實而有光輝，禪曾經多方面地提昇中國人在道德、知性與精神上的能力，現代的中國人更應重新審視這一份豐富的精神遺產。

　　本文的主題：「禪宗美學研究」，正是因應此一課題所作的深入探討，藉由禪宗美學的研究，從生活、文化與美學的思維角度，提出可供現代人參考的生活方針。第一章緒論說明研究動機及前人研究成果。第二章「禪宗美學概觀」，除了簡述禪宗美學的精神淵源與基本性格之外，以「無常之美」發端，禪美感經驗的呈現，乃是通過禪的剎那觀照，使「空性」在感性現象中頓現，作為本文研究問題的主軸，第三章探討禪與自然的關係，說明禪從自然中取

〔註34〕另一個著名觀點如梁漱溟先生在其《中國文化要義》中提到中國文化的特色在於「以道德代替宗教」。
〔註35〕祁志祥，《佛教美學》，上海人民出版社，1997 年版，頁 1。

「境」及其審美美直觀的誕生。第四章經由針對禪宗哲學與禪宗美學關係的探討，以《六祖壇經》為中心，建構禪宗美學的理論基礎。第五章探討禪宗美學對「美」的看法。第六章從回歸人的自然本性的過程中，探求禪宗美學的審美感受與生命境界，及其對中國藝術的影響。最後，第七章說明禪宗美學現世關懷的特色，勾勒出禪宗美學的文化反思。

　　本文第二章「禪宗美學概觀」提及佛教所重視的「無常」引發人們對生命的感傷，佛教禪宗以「觀照」的態度來面對此相異無常的人生，禪宗透過「無常之美」的觀照，擺脫墮入「無常」的煩惱迷霧之中，烘托出屬於禪宗式的解脫自由。透過對「無常之美」的觀照，剎那即永恆，使禪宗的人生獲得一種觀照的不朽。剎那間，禪的觀照滿足了人生要求不朽的需求，使相異無常、刻刻生變的動盪不安的人生，獲得了生命的穩定。本文以「透過自性使空性在世間現象中感性的頓現」作為闡述禪宗美學的基本論點，說明佛教之業報觀充滿了主體性的人格主義，「自性」意義的追求與強調，高揚「心」的主體性與能動性，形成禪宗美學追求個別獨特的風格特色，禪宗美學影響到藝術境界的追求，形成如久松真一所指出禪藝術的特色：「不均齊、簡素、枯高、自然、幽玄、脫俗、寂靜」等，每一種達到禪藝術的風格都充滿了無拘無束、自由自在、活潑的原創性，這與禪的「空性」與「自性」的理想相近。

　　經過禪的泛化開啟了禪宗的美學之門，通過藝術的傳播，禪進入了日常生活，禪將「空性」注入了日常人生，使日常人生增加了禪味，使生活藝術化，這便是前文所說的「空性在世間現象中感性的頓現」作用，山河大地、一切眾生及其作用等都是佛性的顯現，本質上都是美善的，〔註36〕「禪的真理是一種把單調乏味的生活、索然的平凡生命，變成為一種藝術的、充滿真實內在創造的東西」，〔註37〕這屬於佛教美學的基本義理，至於如何「轉變」呢？需要意識方面的特殊訓練，禪宗以「頓悟」說明使「空性頓現」的過程。

　　基本上，本文以是否能突顯「空性在現象中的感性頓現」這一觀念作為

〔註36〕楊惠南，〈佛教美學〉，引自《中國美學》，台北空中大學出版，1992 年版，頁121。該文認為中國佛教的五大教派乃延續印度大乘中觀佛教和如來藏思想，包含三個主要思想：（一）一切事物都是空幻的。（二）每一個眾生都本具「佛性」，因此也都可成佛，甚至本來都是佛。（三）外在世界中的每一事物都由「佛性」所生起的，因此在本質上都是美善的。而這五大教派之美學思想也是由此三個內容所延伸出來的。

〔註37〕鈴木大拙，〈禪的無意識與藝術〉，引自張錫坤主編，《佛教與東方藝術》，吉林文史出版社，1989 年版，頁 126。

禪宗美學之基礎。本文提出「空性在現象中的感性頓現」的操作性說明，描述禪宗美學活動的特質，禪宗稱此種活動歷程為「頓悟」，這是禪宗最重要的主張，「頓悟」所強調的是「空性」與「心體」的「無住性」，「心體」不能被當成對象物來對待或切割，「頓悟」的目的是要發揮「心體」的功能，使「空性在現象中的感性頓現」。禪所喚醒出全新的心理意識便是「悟」，「悟」的開顯必須透過「自性」的朗現與親身經歷體驗，「悟」的目的不在發現新的事物，而是經過心理意識的轉化，重新睜開雙眼看待世界，禪宗在審美意識中注入了「空性」與「頓悟」，「空性」無所不在，如《壇經》所說的「見一切法」、「遍一切處」之後，還能「不著一切法」、「不著一切處」，其目的在淨除一切起分別心知見，才是「無念」、「無相」、「無住」之真境界，此種剎那觀照的審美意識才是「空性」顯現之審美心理意識。〔註 38〕禪宗提出其「頓悟」的主張，透過「無念為宗」、「無相為體」、「無住為本」等「三無」實踐方法論的鍛鍊，達到「真如本性」的顯現，透過禪定所達到的心理境界，構成了禪宗美學最重要的審美意識，這種參透本體的感性覺知，直接豐富了中國人的心理結構與審美意識，也成為禪美學最重要的審美方法論，這種審美意識趨向於佛教的寂滅涅槃境界，其美學風格呈現出一種對「無常」的觀照之後，所產生的「無常之美」，此種「無常之美」以禪宗獨特的「剎那觀照」作為其內在的審美意識，透過文藝上的創作表現為漂泊無依的心境，構築成禪宗美學「空靈寂寞」、「孤寂幽玄」、「心境渾一」等獨特的審美意境，即是意欲傳達擺脫各種形下實質內容，獲得一種形上的絕對純粹型式。

此「無常之美」，深扣著禪宗的頓悟，並藉由在現象中的呈現，訴說著宇宙實相深淨空靈的美感，烘托出簡約淡泊的人生情味，藉以說明生命存在的實相。

依本文發展的進程，禪宗「透過自性使空性在世間現象中感性的頓現」之過程中，自然地滲透到其審美意識、宗教藝術、宗教意義等方面的發展，逐漸形成禪宗獨特的美學文化。

就審美意識的發展，早在兩千多年前，佛陀即以「拈花微笑」說法，從一朵花所示現的消息，說明生命存在整體的意義與感受。此種整體存在意義

〔註38〕鈴木大拙稱此意識為無意識或宇宙無意識，用來形容禪的「空性」，參見鈴木大拙，〈禪的無意識與藝術〉，引自張錫坤主編，《佛教與東方藝術》，吉林文史出版社，1989 年版，頁 125。

的體驗，包含親身參與的歷程，這是一種內化的過程，所謂感受、參與、體驗與內化，即含藏強烈的美學性格。先不論此公案之真實性，此一流傳後世著名公案本身，就其故事本身所具有強烈的美學意味而言，從充滿暗示的拈花動作，與無須語言的心靈微笑，更加強了禪宗在宗教與文化領域的美學性格。審美與說法已合為一體，佛法透過審美活動的展現，更為鮮活地傳達出來。

就佛教藝術思想的層面而言，由佛教禪宗所開顯出來的美學精神，表現在王維詩歌中境中之動感、宋代山水畫的空靈、日本茶道之「和、敬、清、寂」、禪庭（附圖 6）及禪宗寺廟建築等，無不蘊含著深刻的文化學意義之治療功能，都直接或間接導向於佛陀救度眾生的終極關懷，賦予詩歌、繪畫、茶道、庭園、建築以形上的意義，經由藝術的呈現，達到詮釋真理的目的。

就佛教宗教意義的層面而言，禪宗始終關懷著人的解脫，究竟如何解脫，佛教及禪宗各宗派說法各異，但無不繼承佛陀救度眾生的悲願與終極關懷，尤其是生活在現代工業機械化世界中的現代人，生命的真實存在逐漸地被異化，宗教意義層面的終極關懷更顯得重要，禪宗在文化意識的研究上，更具有意義治療學的價值。由此講求解脫自由的禪宗所發展出來的美學精神，當更能提供現代人具有存在意義的審美意識，進而達到宗教上的終極關懷目的。

禪的審美意識與自然之境相依而生，在回歸自然之境的過程中，禪創造了禪的生活藝術，賦予禪的審美以生命的終極關懷，滿足了生命不朽的需求，提供了逐漸物化、異化的現代人一種新的選擇，值得現代社會進一步探索與反思。

第二章　禪宗美學概觀

第一節　禪宗美學精神淵源

　　依據第一章所提出的問題，來探討禪宗美學的精神，首先必須探索「禪」的精神及其意涵，其次考察禪宗美學的淵源，最後則爲釐清禪宗美學的基本性格。

一、「禪」的精神及其意涵

　　「禪」在古印度即是一種宗教的修行，中國音譯爲「禪那」，鳩摩羅什意譯作「思維修」，即運用思惟活動的修持；玄奘意譯爲「靜慮」，即寧靜安祥地深思，〔註1〕都是指一種修「定」的方法，指能安住一心、靜心思考達到覺悟的境界。佛典上亦有許多說法，如《俱舍論》卷二十八：

　　　　依何義故立靜慮名？由此寂靜能審慮故。審慮即是實了義。

　　　　諸等持內，唯此攝支，止觀均行，最能審慮。〔註2〕

「禪那」乃「諸等持」之一種，而「等持」爲梵文「三昧」的意譯之一，「三昧」亦作「三摩地」、「三摩提」，意譯爲「定」或「等念」。〔註3〕《大智度論》卷五上說：

〔註1〕　杜繼文，《中國禪宗通史》，江西古籍出版社，1993年版，頁1。

〔註2〕　《阿毘達磨俱舍論》，卷二十八，分別定品第八之一，台北新文豐出版社影印佛教大系－12，1992年版，頁473。

〔註3〕　杜繼文，《中國禪宗通史》，江西古籍出版社，1993年版，頁1。

善心一處不動，是名三昧。〔註4〕

《成唯識論》卷五解釋說：「於所觀境，令心專注不散爲性，智依爲業。」或直譯爲「心一境性」、「心專一境」，後來禪學家們依此將「禪定」解釋爲「心一境性」，或「專一所緣」，即將自己的注意力集中到某一點上，而使自己的心寧靜下來，不受外界的干擾。禪定的目的，在於逐漸地排除貪嗔等妄而明心見性。〔註5〕由此可見作爲「三昧」、「三摩地」的「定」之基本心理狀態：精神集中、思想專一，並不神秘。〔註6〕「禪」在佛教的修持中形成所謂的「四禪」、「八定」、「十二門禪」，以及影響較大的「二甘露門」：「數息觀」與「不淨觀」等修行法門。隨著時代與宗派的演變，更創造出多種多樣的禪法。〔註7〕

杜繼文先生在其〈禪・禪宗・禪宗之禪〉一文中指出，佛教以「緣起」爲其基本教理，以「業報」爲基本信仰，「緣起」實爲「業報」的理論型式，「業報」才是佛教之主體信仰。「業報」之「業」包括「身、口、意」，指人之思想行爲，一定的思想行爲產生一定的結果，稱之爲「報」，思想支配行爲，故「意」在諸業中實起決定性作用。心識的作用實爲佛教所最重視者，亦爲解脫的主體與動力。〔註8〕是以佛教之修「定」特別著重在「心」、「意」之修行，與其對行爲實踐之影響。

胡適對中國禪宗的研究，特別重視禪的專注力與實踐力，他在〈從譯本裏研究佛教禪法〉一文中曾引用《修行道地經》之〈勸意品〉，敘述一個擎缽大臣的故事，描寫此大臣專精的程度與一往無畏的精神，令人感動，茲引其重點如下：

> ……爾時，官兵悉來救火。其人專精，一心擎缽，一滴不墮，不覺失火與滅時。所以者何？秉心專意，無他念故。……修行道者，御心如是。雖有諸患及淫、怒、癡來亂諸根，護心不隨，攝意第一。……頌曰：如人持油缽，不動無所棄。妙慧意如海，專心擎油器。若人欲學道，執心當如是。……有志不放逸，寂滅而自制。人身有病疾，

〔註4〕 鳩摩羅什譯，《大智度論》，新文豐出版社，1993年版，頁89。

〔註5〕 劉墨，《禪學與藝境》，河北教育出版社，2002年，頁18。

〔註6〕 杜繼文，《中國禪宗通史》，江西古籍出版社，1993年版，頁1。

〔註7〕 其著名者如：小乘禪、大乘禪、北宗禪、南宗禪、漸悟禪、頓悟禪、牛頭禪、趙州禪、臨濟禪、曹洞禪、看話禪、默照禪、念佛禪、野狐禪、安祥禪、生活禪、如來禪、現代禪等。

〔註8〕 杜繼文，〈禪・禪宗・禪宗之禪〉，引自《禪學研究》第三輯，江蘇古籍出版社，1998年版，頁2。

　　醫藥以除之。心疾亦如是，回意止除之。心堅強者，志能如是，則
　　以指爪壞雪山，以蓮花根鑽穿金山，以鋸斷須彌寶山。……有信精
　　進，質直智慧，其心堅強，亦能吹山而使動搖，何況而除淫、怒、
　　癡也？……〔註9〕

胡適之先生特別引用這則優美動人心弦的佛經故事，目的即在於凸顯修行人
專精一心，其意志力之堅強可以壞雪山、穿金山、斷須彌山，更何況是要除
「淫、怒、癡」呢？

　　從佛陀的成道過程中，「禪定」即扮演著非常重要的修行方法，尤其是當
佛陀於菩提樹下入定悟出宇宙人生的真理——「四聖諦」及「八正道」等原
始佛法，其後到了佛陀涅槃時，〔註10〕又再一次進入禪定：

　　如是如來最後說法。如是世尊進入初禪，出初禪進入二禪，出二禪
　　進入三禪，出三禪進入四禪，出於此處進入空無邊處，出空無邊處
　　進入識無邊處，出識無邊處進入無所有處，出無所有處進入非想非
　　非想處，出於此處遂進入滅盡一切想處與受處。〔註11〕

由此可見「禪定」的重要性。配合著「緣起」與「業報」觀，成為佛教各宗
各派的基本理論基礎；佛教的「戒、定、慧」涵蓋其全部的修行，稱之為「三
學」，大乘佛教將「三學」擴大為菩薩行的「六度」，都把「禪定」放在重要
的地位，〔註12〕以至於有學者認為無「禪定」即不成佛教之論。〔註13〕

二、禪宗美學的淵源

　　關於禪宗美學淵源，須注意兩大精神傳統，一為發源地印度佛教美學，
一為使禪開花結果的中國美學。受到研究重點的限制，對禪宗美學淵源之探
尋，本文僅能追溯其具象徵意義者，若要作全面的研究，〔註14〕則需將來專

〔註9〕　胡適，《胡適說禪》，台北九儀出版社，1995年版，頁124。
〔註10〕劉墨，《禪學與藝境》，河北教育出版社，2002年，頁18。
〔註11〕渥德爾，《印度佛教史》，北京商務印書館，1987年版，頁76～77。
〔註12〕杜繼文，《中國禪宗通史》，江西古籍出版社，1993年版，頁6。
〔註13〕杜繼文，〈禪・禪宗・禪宗之禪〉，引自《禪學研究》第三輯，江西古籍出版
　　　　社，1998年版，頁3。
〔註14〕重要的觀點如楊惠南教授在其〈佛教美學〉一文中指出：「影響中國佛教美學
　　　　的印度佛教思想，主要有中觀佛教和如來藏佛教。……中觀佛教主張『一切
　　　　皆空』，是宗』。……基本上，屬於空宗的宗派，例如禪宗，在美學思想上是
　　　　注重『簡素』、『孤高』和『不均齊』。」參見楊惠南，〈佛教美學〉引自台北

文深入研究。印度佛教創始人佛陀的教法，對往後中國禪宗及其美學的發展提供了莫大的啟示，最著名者如：

（一）菩提樹下的證悟

釋迦牟尼出家以後即投入禪定實踐，達到最高的禪定境界之後，仍不滿足，認為不能得到真正的解脫，繼續修持苦行，甚至日食一麥，至形容枯槁皮包骨，依然沒有得到真正的解脫，於是放棄苦行，在河中沐浴之後，接受村女的乳糜供養，恢復了體力，在菩提樹下結跏趺坐，忽見明星升起而覺悟成佛。但他所覺悟的不是端坐的姿勢、調息的方法、或呼風喚雨的神通，而是四聖諦、八正道、十二因緣，〔註15〕這說明了佛陀重視的是人生的終極解脫生死的佛教理論，瑜伽禪定只是作為建立佛教世界觀的一種方法手段。到了中國慧能，甚至直接擺脫禪定靜坐的形式，全力追求佛教世界觀的建立。〔註16〕吳經熊博士在《禪學的黃金時代》一書中也提到：

> 「禪那」是指一種精神的集中，是指一種有層次的冥想，而「禪」，以中國祖師所了解的，那是指對本體的一種頓悟，或是指對自性的一種參證。他們一再地提醒學生，冥想和思索，都會失去了禪的精神。〔註17〕

正說明了佛陀與禪所重視的在對生命全然的了悟，而致力於教理的建立，並非單純的枯坐冥想，〔註18〕亦可認為是對印度瑜伽禪那的改革，這種革命性一直為禪師們所繼承下來，使禪的精神保持生龍活虎般的活力。

（二）佛陀「拈花微笑」的象徵

佛陀「拈花微笑」的公案，對禪宗美學的建立發生深刻的影響，據文獻記載：

空中大學印行姜一涵、曾昭旭等人合著之《中國美學》第四章，1992年版，頁116。

〔註15〕《方廣大莊嚴經》，參見《大正藏》，第三卷，頁595。

〔註16〕《六祖壇經·坐禪品》中提到：「師示眾云：善知識，何名坐禪。此法門中，無障無礙，外於一切善惡境界，心念不起，名為坐。內見自性不動，名為禪。善知識，何名禪定。外離相為禪，內不亂為定。」六祖慧能對「坐禪」、「禪定」的重新定義，已蘊含著深刻的革命性與獨創性。

〔註17〕吳經熊，《禪學的黃金時代》，台灣商務印書館，1969年版，頁2。

〔註18〕雖然坐禪在禪宗後期發展中被輕忽了，但其重要性仍不容懷疑的，日本禪學家柳田聖山在其《禪與中國》（北京三聯書店，1988年版）一書中指出：「佛教的禪起始于苛刻的出家與坐禪之道。」

> 世尊昔在靈山會上，拈花示眾，是時眾皆默然，迦葉尊者破顏微笑，
> 世尊云：「吾有正法眼藏，涅槃妙心，實相無相，微妙法門，不立文
> 字，教外別傳，付屬摩訶迦葉」。〔註19〕

佛陀傳給摩訶迦葉尊者的這種佛法，後人稱之爲「拈花微笑」，〔註20〕後來成爲「以心傳心」的禪宗宗旨，而摩訶迦葉也成了禪宗的開山祖師，並被尊爲佛陀十大弟子之首，稱爲「頭陀第一」。〔註21〕摩訶迦葉頓悟到佛法的奧妙，如水中月、鏡中花、空中鳥，是如此活生生地，卻又無法用語言完整地傳達出來，一時忍不住笑了。

　　此處有兩點可注意者，其一，「佛陀拈花」，以花象徵生命的無常，花的綻放象徵無常之美，佛陀拈花即是一種最深沉靜默的觀照，不立文字，以花說法，具有深刻的美學境界之意義。其二，迦葉微笑，表示迦葉即時頓悟了佛陀所說最高妙的道理，見花即性，無需多說，開創了「以心傳心」的教法。此種最高的佛法無法用語言文字傳達，常常透過感性的觸發與體驗而獲得啓示，這種觸發與體驗，依照狄爾泰的解釋，是源於具有本體論意義的、源於個體生命深層的對人生重大事件的深切領悟，「體驗」首先是一件生命歷程、過程、動作，其次才是自內心形成物。〔註22〕如孟子所說的「養氣」、「盡心」之後，才能「存神」！這兩點啓示，爲往後禪宗美學的發展，提供了無限寬廣的想像空間。後來的中國禪師曹洞宗的足庵智鑑爲此公案寫了一首詩：

> 世尊有密語，迦葉不覆藏；一夜落花雨，滿城流水香。〔註23〕

禪師在此透露了迦葉尊者守不住秘密，經過一夜的落花雨的洗禮，似乎滿城的流水也載滿了花香！演說著佛性遍一切，有情無情無不含藏著佛性，如所謂的「觸目是道」、「觸目菩提」。〔註24〕

〔註19〕　《無關門淺註》，參見吳怡，《公案禪語》下篇，台北東大圖書公司，1988年三版，頁155。

〔註20〕　顧偉康，《禪宗：文化交融與歷史選擇》，上海知識出版社，1993年初版二刷，頁1。顧先生認爲此說可能後人僞託，因此說不見於《大藏經》，亦不見於魏晉隨唐之佛書，隨著南禪興盛之後，「拈花微笑」的故事才廣爲流傳而爲大眾接受。

〔註21〕　葛兆光，《禪宗與中國文化》，台北天宇出版社，1988年初版，引《維摩詰經》卷二「弟子品」，頁1。

〔註22〕　劉小楓，《詩化哲學》，山東文藝出版社，1986年，頁178～183。

〔註23〕　《續指月錄》卷首，〈明州雪竇足庵智鑒禪師傳〉。

〔註24〕　楊惠南，〈佛教美學〉，引自《中國美學》，台北空中大學出版社，1992年版，頁136。

　　我們從印度佛教美學傳統中進行理解，禪不僅重視「悟」的境界，也看重「悟」以後，新的教理之建立，而此具有革命性教義，常用一種象徵性的譬喻呈現，直指人心，使人獲得全然的了悟。

　　第二個精神淵源，即是重視現世人文精神的中國美學傳統。

　　鈴木大拙曾試圖解釋禪起源於中國，不可能起源於任何其他地方，禪只有在中國的土地，才得以如此繁茂，而能在道德、知性與精神上發揮如此大的影響的具體原因，他說：

　　　　中國人是一個特別注重實際的民族。〔註25〕

以中國人「注重實際」、「腳踏實地」，迴異於印度人耽於冥想、傾向概念、出世精神及非歷史的心智，且成為一鮮明的對比，來說明禪在中國高度繁榮發展的原因，似乎僅解釋了其表面原因，稍嫌不足。

　　必須從中國儒道思想傳統及禪影響到後來的理學思想中尋求解答，尤其是中國人文精神灌注到印度佛教出世的信仰中，融合成一種人文中心的新教義，所展現出獨特的生命情懷，就中國佛學禪宗形成的過程而言，所謂的格義之學，當時許多佛教法師即是以道家玄學的思想背景，〔註26〕對佛學進行詮釋性的理解，而老莊哲學很自然地影響到中國禪宗的形成。而由中國古代孔孟老莊等哲學傳統所形成的美學思潮，本身即具備多項特點：如情感主義、人格主義、自然主義傾向等，都或多或少地影響到禪宗美學的形成。

　　中國儒家的現世人生觀也對佛學中國化起了一定的作用，如佛教講成佛極難，須先做菩薩，共有十地不同階段，一生來不及，必須積累幾世，才有可能成佛。到了中國禪宗，卻能主張「即身是佛」、「立地成佛」、「平常心是道」，把最高明的佛理「中庸」化了，教人從最簡易處著手，如《中庸》上說「道不遠人」、「道不可須臾離也」、「君子無入而不自得」。

　　從出世捨離人生到回歸現實人生，重視本心自性，都是深受到中國人文精神的影響，《六祖壇經·行由品》五祖弘忍提醒前來求法的慧能：「不識本心，學法無益」、「有情來下種，因地果還生，無情亦無種，無性亦無生」，六祖也說「但用此心，直了成佛」，到了〈般若品〉更強調「若無世人，一切萬法本自不有，故知萬法本自人興，一切經書因人說有」，六祖圓寂前之最後開

〔註25〕　胡適、鈴木大拙等，《禪宗的歷史與文化》，〈禪：敬答胡適博士〉，台北新潮
　　　　　社文化公司，1991年版，頁89。
〔註26〕　吳怡，《中國哲學的生命和方法》，台灣東大圖書公司，1984年版，頁122。

示又說：「若識眾生，即是佛性。……欲求見佛，但識眾生」（〈付囑品〉），此種回歸人心人性與人情的宗教見解，正是中國思想中重視現世人文的表現。

關於禪道的融合，印順法師在其宏著《中國禪宗史——從印度禪到中華禪》一書的自序中提到：

> 印度傳來的達摩禪，從達摩到慧能，方便雖不斷演化，而實質為一貫的如來（藏）禪。慧能門下，發展在江南的，逐漸的面目一新，成為中國禪，那是受到牛頭禪（也就是老莊化）的影響。〔註27〕

印順法師於此書中提揭出「牛頭禪」在禪史中的重要性及其特殊意義，即說明老莊思想在禪宗中國化過程的重要性。

而禪所運用的方法與表現的精神，則明顯受到老莊哲學與大乘佛學的影響。吳經熊先生認為：

> 禪宗的形成，最早是受到大乘佛學的推動，否則單靠老莊等道家思想的復興，實不足以構成禪宗那種生龍活虎般的精神。〔註28〕

吳先生以整體的觀點來詮釋禪宗的思想淵源，透過大乘佛學的推動，使老莊哲學的方法在禪的表現上獲得了復興與發展，正說明了禪繼承了老莊哲學的方法與大乘佛學入世的精神，而展現出一種生龍活虎般的活力。

中國大乘佛學超越了小乘佛教所強調個人的了生脫死，大乘菩薩不住涅槃，不捨眾生，留世潤生，乘願再來，其精神以慈悲為懷，普渡眾生，自覺覺他，自利利他，地藏王菩薩甚至說：「地獄不空，誓不成佛，眾生度盡，方證菩提。」〔註29〕這種大無畏的救世精神與終極關懷，造就了大乘佛學大慈大悲、積極入世、利他的菩薩精神。

禪的境界則是中國人本有的智慧澈悟了大乘佛學的精神，所開創出前所未有的哲學與藝術境界，宗白華先生在〈中國藝術意境之誕生〉一文中也提到：

> 禪是動中的極靜，也是靜中的極動，寂而常照，照而常寂，動靜不二，直探生命的本源，禪是中國人接觸佛教大乘義後體認到自己心靈的深處而燦爛地發揮到哲學境界與藝術境界。靜穆的觀照和飛躍的生命構成藝術的兩元，也是構成「禪」的心靈狀態。〔註30〕

〔註27〕印順法師，《中國禪宗史——從印度禪到中華禪》，江西人民出版社，1990年版，頁9。

〔註28〕吳經熊，《禪學的黃金時代》，台灣商務印書館，1969年版，頁3。

〔註29〕王路平，《大乘佛學與終極關懷》，四川巴蜀書社，2001年版，頁337。

〔註30〕宗白華，《藝境》，北京大學出版社，1987年版，頁156～157。

宗白華先生進一步指出中國思想中的兩個典型如屈原的一往情深與莊子的超
曠空靈，滲透到佛教佛理之中，轉化出盛唐的詩境與宋元的畫境，這兩者都
深深受到禪的影響。

第二節　禪宗美學的基本性格

　　依據第一節所提出禪宗美學的研究主題，第二節除了探討禪的精神淵
源，指出影響禪宗美學的兩大美學精神淵源，尤其是佛教中國化的過程中，
禪吸收了中國儒家、道家思想及大乘佛學的精華，尤其是受到儒道兩家美學
傳統之人格主義、情感主義及自然主義傾向影響，逐漸形成禪的基本性格，
禪美學也逐漸匯入中國美學的汪洋大河之中，而這也涉及中國美學重視「情
感表現」的傳統，不同於西方美學自亞里斯多德的「模仿說」以來，即強調
以對現實的再現爲主題，李澤厚、劉綱紀在其合著的《中國美學史・緒論》
中即作了精要的中西美學比較：

　　在中國美學的「詩言志」這一古老的命題中，開始蘊含藝術是情感的
　　表現這個思想的萌芽，以後又通過《樂記》、《毛詩序》以及其他許多
　　著作得到了明確和具體的發揮。這一基本的思想和古希臘美學認爲藝
　　術是對自然的「模仿」的說法，剛好成爲一個明顯的對比，表現了東
　　西方美學的不同特徵。儘管古希臘美學也並不否認藝術對人的情感的
　　影響和作用，但從整體上看，它更爲強調的畢竟是藝術對現實的再認
　　識作用。而中國美學所強調的則首先是藝術的情感方面，它總是從情
　　感的表現和感染作用去說明藝術的起源和本質。〔註31〕

這種重「情感表現」的美學傳統，強調「情」與「理」的統一，亦是與「善」、
與「眞」的統一，認爲「眞正的藝術是貫注在個體全人格中的善的情感的眞實
無僞的表現」，〔註32〕在藝術的表現過程中，「情」與「理」互相融爲一體。這
與古希臘美學講求情感的方式不同，其情感是從屬於認識之中，而中國古代美
學所強調的認識作用是包含在情感之中，與感情是合而爲一體的。〔註33〕而中

〔註31〕李澤厚、劉綱紀，《中國美學史》（先秦兩漢編），安徽文藝出版社，1999 年版，
　　　　頁 24。
〔註32〕李澤厚、劉綱紀，《中國美學史》（先秦兩漢編），安徽文藝出版社，1999 年版，
　　　　頁 25。
〔註33〕李澤厚、劉綱紀，《中國美學史》（先秦兩漢編），安徽文藝出版社，1999 年版，

國魏晉時期重要的美學論題也討論到藝術與觀念的關係，如「言不盡意」、「言有盡而意無窮」等重要美學觀念，一再強調藝術乃情感的表達，包含了概念而不爲概念所限的自由性，這一觀念與禪宗「不立文字」的精神是隱隱相通的。

受到中國古代美學的影響，中國佛學的發展，自始即具有強烈的美學關懷，尤其是歷代的高僧們，無不胸懷對人類有情的悲憫心，出自於情感，發心皈依，以求救苦救難。到了天台、華嚴、淨土、禪宗的建立，逐漸從講求本體的虛空觀，轉向入世的現實觀照，而禪宗的「不立文字」，更要掃盡一切文字思辨，回歸直觀的性情之教。如五祖弘忍授慧能偈所說：

> 有情來下種，因地果還生。無情亦無種，無性亦無生。〔註34〕

此偈性情相對爲用，即強調眾生有情，佛亦有情，這說明佛與眾生同有此情、同此見，故慧能說：

> 無情無佛種。

佛要覺有情，眾生有情，乃自性之本，亦爲感性之本，無眾生則無情。《壇經》上說：

> 佛向性中作，莫向身外求。自性迷即是眾生，自性覺即是佛。慈悲
> 即是觀音，喜捨即勢至，能淨即釋迦，平直即彌陀。〔註35〕

中國禪宗從慧可的「覓心了不可得」，轉成弘忍、慧能重視《金剛經》之「應無所住而生其心」，講求「識自本心」、「自性」、「有情」，把握日常人生中人人所能、處處可遇的「慈悲」、「喜捨」、「能淨」及「平直」。

因此如果要對禪宗美學的基本性格，作一概括式的描繪，必須掌握佛學禪宗立論的根據及其強調的重點，包括「一切皆苦」、「空性」、「自性」等觀念所發展出來的美學觀。以下就「一切皆苦，五蘊皆空」、「改證爲悟」與「自性爲美」等三方面來作說明。

一、一切皆苦，五蘊皆空

勞思光先生在其《新編中國哲學史》卷二指出：佛教哲學初始即以「情意我」作爲其立論根據，以「如何離開生命之苦？」〔註36〕作爲其基源問題，

頁 25。

〔註34〕宗寶本《壇經》，《大正藏》，卷四八，頁 349 上。

〔註35〕宗寶本《壇經》，《大正藏》，卷四八，頁 352 中。

〔註36〕勞思光先生認爲「如何離開生命之苦」，乃佛教與印度傳統思想之共同基源問題。參見勞思光，《新編中國哲學史》第三章〈中國佛教哲學〉，台北三民書

是以「一切皆苦」作爲其世界觀之中心,因此從事佛學研究,首先必須處理的問題,即以情意我所感受的「一切皆苦」,開展而來的諸多問題研究,禪宗美學理論自然不能自外於佛教哲學的基本理論。

在佛陀的教理上,早已有強烈的「生命無常」的存在危機及「無明」意識,生活於此「五濁惡世」,佛法亦指示出尋求出離的急迫性,如四聖諦即以「苦」作爲第一首要的提醒,十二因緣以「無明」始而引生無窮的輪迴。

佛家對於生命世界,都稱之爲「有情」。有情就有苦,有苦就得覺,「覺」是唯一能離棄苦難的一個根本法則。佛學是世間法,尤其是原始佛教的世界觀,看到整個世界是流動的、變動的,由人的生、老、病、死,凸顯人世的無常,所有人生的苦惱,都來自於人的執著,面對這一切皆苦的世界,進而觀察到整個人生現象乃是由十二因緣所構成的流轉過程,如何度一切苦厄?如何達到涅槃寂靜的境界?如《心經》所說必須「行深般若波羅密多」,才能「照見五蘊皆空」,五蘊指「色、受、想、行、識」所因緣和合而成的宇宙實相,包括兩個部份:物質的世界(「色」)與精神的世界(「受想行識」)。

第一部份,物質的世界。「色」包括一切物質之構成元素與現象,如印度人認爲的地、水、火、風等,乃客觀的部分。

第二部份,精神的世界。「受想行識」指人的精神世界,乃主觀的部分。

由此五蘊的區分,物質之「色」只佔其中之一,可見佛教之重視精神感受層面,透過佛教的觀點,觀察這個「有情」世界的構成,即是由此主觀與客觀因緣和合而成的。若是深入探尋主觀的精神世界,分析如下:

1. 「受」──指我們的感官、感受,對於外界事物之刺激而有之反應。
2. 「想」──指我們從感官感覺所獲得的意念,就反應所產生的種種印象。
3. 「行」──從種種印象及事物之表象中,產生之心理作用(如意志活動)或指透過意念帶動我們的行爲活動。
4. 「識」──根據以上過程進行判斷,乃是由心理作用所帶出的認知活動。

從這個角度來看我們的日常人生一切的活動背後,都經過這個「色受想行識」的思考、判斷的流程,然後才在發展出各自的生活型態、生活方式。而這個主客觀所組成的世界,都是因緣聚合產生,都不是永恆不變的實體,

局,1986 年版,頁 179～180。

這個世界的一切事物都是「空性」的顯現，無實相，因此可以認為一切都是暫時的現象，一切都是刻刻遷流、刻刻變滅的。根據錢穆先生對大乘佛學的研究指出，一切人造的物質世界、精神世界，經《般若》、《三論》之學將人心的種種虛相一掃而空，導致人造的世界失去其存在的憑藉，人造的世界回歸融化在天地中，不必求出世而已出世，實際上也是無世可出，因為一切人造的世界皆是名相虛幻。名相空則人造世界亦空，但並非天地空，此現象謂之「眞空」；但若同時以為天地亦空，則又成了「頑空」。造成此空相者，由人心；破此空相者，也是人心。人心能感，亦能覺，故世界虛幻終是由天地眞實中來，差別只在人心迷悟之間。所謂眞空妙有，破相即顯性。只要名相全遣，則心的思量、了別等作用，自然無所施展，如是就能夠顯現自性清淨心。佛學之空性，正求掃相以超出人造世界，即回歸天地。〔註37〕

　　能夠透徹了悟事物的空性，才能超脫現實一切利害煩惱，超越一切愛憎是非的境界，建立眞正愉快無憂、來去自如的淨土。因為眞正超脫了世間一切，獲得對一切事物全然了悟的大智慧，不但不會悲觀厭世，執著頑空，反而更能了悟世間的實相與業力的流轉，進一步萌生對眾生的悲願，進而悲智雙運，發無上的四弘誓願：

　　　眾生無邊誓願度，煩惱無數誓願斷，法門無量誓願學，佛道無上誓願成。〔註38〕

因此，我們可以說佛教禪宗雖以感受性的「一切皆苦」為其基源問題，而在其理論發展過程中，終能超脫強烈感受性「苦」諦及「無常」、「無明」煩惱的束縛，發揮空性的般若智慧，發「四弘誓願」般的悲願，對「無常」、「無明」進行觀照，進而展現對人類、對眾生的終極關懷，這也是禪宗美學不同於一般美學理論之特殊處，並不停留於美學意境的追尋，而是將宗教悲天憫人的情懷貫注於美學意境之中，美學的意境中蘊藏著宗教對生命的終極關懷，美學與宗教在此融通合一，在美學的意境中感受到宗教無上崇高無言的啟示，這一切都源起於佛教「一切皆苦」及其轉化為對「空性」的參透與體悟之後，所建構的佛教禪宗美學觀。李澤厚先生在比較中西方文化的美學境界異同時指出，西方常常是由道德而走向宗教，以宗教境界為人生最高境界；

〔註37〕參考錢穆，《錢賓四先生全集‧中國學術思想史論叢》（二）〈大乘佛法〉，台北聯經出版社，1996年版，頁19～373。

〔註38〕智顗，《釋禪波羅蜜次第法門》，台北大千出版社，1996年版，頁12。

中國則是由道德而走向審美，以審美境界爲人生最高境界。〔註 40〕由禪宗所開展出的美學流派，似乎更加深映證了李澤厚先生的論點，禪由宗教而道德，最終進入審美的藝術境界。

二、改證爲悟

　　一部《壇經》的重點在於「自性」的確立，「自性」具有活潑潑地主動力，不侷限於非語言思量的證會直觀認識活動。面對佛教所期望透過修行達到涅槃寂靜的解脫境界，始終將之懸爲高遠的目標與終極關懷，「證」的目的在於契合佛教眞諦，乃是達到解脫開悟的決定性關鍵，是一種直觀或直覺，相當於因明中之「現量」，屬於非語言概念之認識活動，經過現代人的詮釋反而顯得深不可測。〔註 41〕禪宗的方法正在將此「現量」的證會直觀認識活動，擴大到日常生活上一切行住坐臥活動，轉高遠爲平凡，將證量化爲「開悟」，將自然人生一切心相化，通過「悟」，禪修者獲得更大的自由。

　　自從慧能提出「道由心悟」的命題（宗寶本《壇經·護法品》），更進一步確立了以「悟」作爲禪宗美學思想認識活動的主要內在結構，歷代禪師亦繼承了慧能禪法的精神，如黃檗希運禪師主張「道在心悟」（《黃檗斷際禪師宛陵錄》），又如香嚴智閑主張「道由悟達」（《五燈會元》卷九《香嚴智閑禪師》）、圓悟克勤亦倡導「道由悟達」（《佛果克勤禪師心要·示達道人》）、大慧宗杲進一步提出「道須神悟」（《佛祖歷代通載》卷二十）。〔註 42〕

　　「道由心悟」之命題，經由歷代祖師的繼承與發揮，不斷地豐富地形成有機的組成，成爲禪宗哲學美學最重要的思想範疇。杜繼文先生認爲：

> 禪宗把禪對「證」的追求，改換爲對「悟」的追求，或將「心性」
> 直接歸結爲「覺」，都含有超越「證」，或勿須「證」的意思。因爲
> 在禪宗看來，「悟」有多途，所在皆是，固不必用「證」以拘束於心。
> 〔註43〕

〔註40〕參見李澤厚，《中國美學及其他》，《美學述林》第一輯，武漢大學出版社，1983年版。

〔註41〕杜繼文，〈禪·禪宗·禪宗之禪〉，引自《禪學研究》第三輯，江西古籍出版社，1998年版，頁8。

〔註42〕皮朝綱，《禪宗的美學》，高雄麗文文化公司，1995年版，頁6。

〔註43〕杜繼文，〈禪·禪宗·禪宗之禪〉，引自《禪學研究》第三輯，江西古籍出版社，1998年版，頁8。

經過禪宗的轉化，提出心性的「悟」與「覺」，作為禪修的最高目的，直接促使禪修目的與境界從神秘高深走向簡單清明，這種轉化也開放了許多方面的禪悟之途，諸如杜繼文先生所提到的「語言文字」、「勢」與「象」、「境」等方法途徑，也使禪悟的影響力滲透到文化的各個層面，尤其是文學藝術領域的影響更為深遠。

三、自性為美

禪宗的最重要代表著作：《六祖壇經》，乃六祖慧能在韶州大梵寺為大眾說法，由門人法海筆錄而成。〔註44〕一般認為《壇經》的基本美學觀：「美不在外境，而在內心」，〔註45〕事實上慧能主張「一切般若智，皆從自性而生」，慧能強調的是「自性」，而不是作為與外境相對的「內心」，以「內心」為名容易與中國儒道傳統的「人心」、「人性」觀念相混，誤以「人心」「人性」為美，甚至加入儒家的人性善惡論等等，容易落入現實層面。佛家的「佛性」或慧能強調的是「自性」，都有本體論上的意義，超乎現實，非以此「性」隸屬於人或佛，所謂的「自性清淨心」，乃是不生不滅之心，即是「真如」，此「真如本性」，其特性「總該萬有，遍一切處，無住而常在」。〔註46〕而這「自性」的基本特質是清淨不染的菩提心，《壇經·行由品》提到：

> 菩提自性，本來清淨，但用此心，直了成佛。〔註47〕

> 自性本自清淨，……自性本不生滅，……自性本自具足。〔註48〕

> 何不從自心中頓見真如本性？〔註49〕

因此可知「自性」不是具有具體內容的「實體」或「物自身」，而是能了悟「空

〔註44〕 本文論禪宗哲學思想主要依據即以《六祖壇經》為核心，杜松柏先生在其〈禪宗的體用研究〉一文中即強調「六祖慧能是禪宗禪師中最傑出、最偉大的人物，僅有他的語錄，被尊為經，當然是明心見性的宗主，其悟道以後有關本體的言說，不僅深悟有得，而且確然可信。」引文參見《中華佛學學報》第一期，頁234。

〔註45〕 參見祁志祥，《佛教美學》，上海人民出版社，1997年版，頁47。又可參考徐林祥，《中國美學初步》，廣東人民出版社，2001年版，頁221。

〔註46〕 錢穆，《錢賓四先生全集·中國學術思想史論叢》（二）〈佛學傳入對中國思想界之影響〉，頁418，台北聯經出版社，1996年版。

〔註47〕 丁福保，《六祖壇經箋註》，台南大千世界出版社，1984年版，頁3～4。

〔註48〕 丁福保，《六祖壇經箋註》，台南大千世界出版社，1984年版，頁19。

〔註49〕 丁福保，《六祖壇經箋註》，台南大千世界出版社，1984年版，頁46。

性」的菩提心，乃《壇經》所強調的「眞如本性」。《壇經》中又以天之清與日月之明爲例，比喻自性之清淨，而以「浮雲覆蓋」象徵染污，在〈懺悔品〉中的善巧說法：

> 諸法在自性中，如天常清，日月常明，爲浮雲覆蓋，上明下暗，忽遇風吹雲散，上下俱明。世人性常浮游，如彼天雲。……智如日，慧如月，智慧常明，於外著境，被自念浮雲蓋覆自性，不得明朗。若遇善知識，聞眞正法，自除迷妄，內外明澈，於自性中萬法皆現。〔註50〕

又《壇經・懺悔品》：

> 何名清淨法身佛，世人性本清淨，萬法從自性生。〔註51〕

即明確指出自心自性本自清淨，清淨心是至眞至善至美的，此自性能生出萬法來，故《壇經・懺悔品》云：

> 思量一切惡事，即生惡行。思量一切善事，即生善行。〔註52〕

故知一切諸法皆由心造，能生出一切善惡的概念與善惡的行爲，並舉《金剛經》爲證，「所凡有相，皆是虛妄」，〔註53〕說明外境之不眞實。一切萬法境界皆由心造的主張，這種全新的觀點造就了禪的意境美學。六祖最著名的偈論述「菩提本無樹」，而「明鏡亦非臺」，其根本實相則是「本來無一物，何處惹塵埃」，在悟解上亦偏於對外物的否定，雖然達到這樣高度的層次，就五祖弘忍的眼中仍「亦未見性」，而教以《金剛經》「應無所住而生其心」，慧能才言下大悟，「一切萬法，不離自性」，〔註54〕因爲眞正的「見性」必須兼重悟解與修行，〔註55〕一切回歸於自性眞如，達到心事合一，於事上見自性而不住於事相，後來六祖慧能以「仁者心動」〔註56〕取代了眾僧議論不已的「風動」與「旛動」，便是回歸人的自性，把外在的物理現象轉化爲精神意識現象。慧能主張「當於一切處行住坐臥，常行一直心」，〔註57〕演變成馬祖的「平常

〔註50〕 丁福保，《六祖壇經箋註》，台南大千世界出版社，1984年版，頁79。
〔註51〕 丁福保，《六祖壇經箋註》，台南大千世界出版社，1984年版，頁78。
〔註52〕 丁福保，《六祖壇經箋註》，台南大千世界出版社，1984年版，頁78。
〔註53〕 丁福保，《六祖壇經箋註》，台南大千世界出版社，1984年版，頁14。
〔註54〕 丁福保，《六祖壇經箋註・行由品》，台南大千世界出版社，1984年版，頁19。
〔註55〕 神秀偈「時時勤拂拭，勿使惹塵埃」，心、塵對立，偏於修行，而悟解未到；慧能偈「本來無一物，何處惹塵埃」，則已徵悟解，而不見修行。
〔註56〕 丁福保，《六祖壇經箋註・行由品》，台南大千世界出版社，1984年版，頁26。
〔註57〕 丁福保，《六祖壇經箋註・定慧品》，台南大千世界出版社，1984年版，頁65。

心是道」、「只如今行住坐臥，應機接物盡是道」。〔註 58〕

　　這種極度強調「自性」、重視自心的主體性，對佛門中的「四弘誓願」，經過《六祖壇經》的詮釋，轉成了「爲一己內心煩惱的自度，而非外在眾生的普度」，〔註 59〕《壇經・懺悔品》提出：

> 既懺悔已，與善知識發四弘誓願，各須用心正聽，自心眾生無邊誓
> 願度，自心煩惱無邊誓願斷，自性法門無盡誓願學，自性無上佛道
> 誓願成……善知識！心生眾生，所謂邪迷心、誑妄心、不善心、嫉
> 妒心、惡毒心，如是等心，盡是眾生，各須自性自心自度，是名眞
> 度。何名自性自度？即自心中邪見煩惱愚癡眾生，將正見度。既有
> 正見，使般若智打破愚癡迷妄眾生，各各自度。〔註 60〕

這種強烈而明顯地把「四弘誓願」回歸於自性自心，把大乘菩薩救苦救難積極度眾的精神，轉向於自我內心煩惱的掃除，這正可以解釋何以受到《般若經》影響的中國禪頓入山林，尋求與世隔絕的深山道場，而不是發揚大乘積極度眾的菩薩精神，中國禪師所採取的態度乃是被動式地「隨緣度眾、應機說法」，〔註 61〕從另一個角度來看待禪宗的頓入山林，正是另一種積極入世的度眾與說法。這種轉向深刻地影響到禪宗的美學精神，使禪宗脫去了積極度眾的沈重負擔而更富於美學精神，誠如楊惠南教授所說的：

> 中國禪的「般若」精神，也許不是表現在「救度眾生」之上，而是
> 表現在禪師們的善待世間事物之上。禪師們視世間事物皆爲美善之
> 「道」（佛法）。〔註 62〕

此種「善待世間事物」，肯定世間事物爲美善之呈現，乃禪宗肯定世間相，爲禪宗自性美學的第一層涵義。依據楊惠南教授在其《禪史與禪思》一書的分析指出，禪宗受到般若經思想的影響，至少含藏三層意義。〔註 63〕禪宗除了肯定世間事物之外，更進一步表現在對世間美德的讚揚，這是禪宗自性美學第二層的含義，亦是第一層含義的進一步引申。如《壇經・疑問第三》：

〔註 58〕楊惠南先生認爲：「慧能後的南禪，之所以提出『平常心是道』的修行法門，
　　　　也和這一『自性』的新義有關。」參見楊惠南，《禪史與禪思》，台北東大圖
　　　　書公司，1995 年版，頁 223。
〔註 59〕楊惠南，《禪史與禪思》，台北東大圖書公司，1995 年版，頁 9。
〔註 60〕宗寶本《壇經・懺悔第六》，引見《大正藏》卷四八，頁 354，上。
〔註 61〕楊惠南，《禪史與禪思》，台北東大圖書公司，1995 年版，頁 9。
〔註 62〕楊惠南，《禪史與禪思》，台北東大圖書公司，1995 年版，頁 10。
〔註 63〕楊惠南，《禪史與禪思》，台北東大圖書公司，1995 年版，頁 9〜15。

> 心平何勞持戒，行直何用修禪。恩則孝養父母，義則上下相憐。讓
> 則尊卑和睦，忍則眾惡無諠。若能鑽木出火，淤泥定生紅蓮。苦口
> 的是良藥，逆耳必是忠言。改過必生智慧，護短心非內賢。日用常
> 行饒益，成道非由施錢。菩提只向心覓，何勞向外求玄。聽說依此
> 修行，西方只在目前。〔註64〕

禪宗在等視現世人間事物之際，並不排斥世間美德的強調，反而更加肯定現
世修爲的重要。在這種現世人生關懷的精神主導下，發展出第三層次的涵義，
即「不談怪力亂神」，充滿人文主義精神的美學意象，最著名的例子，在《壇
經‧疑問第三》中對神格化的佛菩薩進行改造如下：

> 慈悲即是觀音，喜捨名爲勢至，能淨即釋迦，平直即彌陀。人我是
> 須彌，貪欲是海水，煩惱是波浪，毒害是惡龍，虛妄是鬼神，塵勞
> 是魚鱉，貪嗔是地獄，愚癡是畜生。善知識！常行十善，天堂便至。
> 除人我，須彌倒。去貪欲，海水竭。煩惱無，波浪滅。毒害除，魚
> 龍絕。〔註65〕

直接把外在神佛形象崇拜轉向內心喜怒哀樂情感的調和，從喜怒哀樂等情感
的調節過程中，使外在神佛天堂地獄逐步內心化、人性化、人文化，這也成
爲禪宗強調「自性爲美」的審美特性，發展出回歸「自性」的審美心理。禪
的人間化、生活化過程，逐步將自性對象化、形象化，禪的自性流露於色相
之中，並化形象爲象徵，自然界的翠竹黃花都具有了佛性，所謂「一花一世
界，一葉一如來」，眞如法身遍一切有情無情。這是一種內省式的觀照，黑格
爾在其《美學》提到：

> 就在這種自我復現中，把存在於內心世界的東西，化爲觀照與認識
> 的對象。〔註66〕

觀念在形象中得以永無止境地發揮作用，且不可捉摸，正是這種象徵意義超
越了語言的表達能力，也使禪與藝術創作具有共同特性。〔註67〕

　　由以上幾點得知慧能禪學除了繼承佛教的美學精神，基本已融匯了般若
性空學與涅槃佛性論於一爐，發展獨特的高揚自性的美學系統，並藉著與藝

〔註64〕宗寶本《壇經‧疑問第三》，引見《大正藏》卷四八，頁352，中一下。
〔註65〕宗寶本《壇經‧疑問第三》，引見《大正藏》卷四八，頁352，中。
〔註66〕黑格爾，《美學》，北京商務印書館，1979年版，頁40。
〔註67〕韓鵬杰，《禪宗美學思想初探》，引自《法藏文庫‧中國佛教學術論典‧56碩
　　　　博士學位論文》，高雄佛光山文教基金會，2002年版，頁357。

術創作的合流，從此自心自性的信仰中開展出屬於禪宗獨特解脫與自由的美學觀。杜繼文先生與魏道儒先生在其合著的《中國禪宗通史・導言》中提到：

> 作為一個宗教派別，禪宗不崇拜任何偶像，不信仰任何外在的神和天國。所以在世界範圍，幾乎找不到一個與之相同的宗教；作為一個佛教派別，它自稱「教外別傳」，否認佛教經典、佛祖權威，也否認佛菩薩以至淨土的實存。禪宗唯一信仰的是「自心」，迷在自心，悟在自心，苦樂在自心，解脫在自心；自心創造人生，自心創造宇宙，自心創造佛菩薩諸神。自心是自我的本質，是禪宗神化的唯一對象，是它全部信仰的基石。〔註68〕

該書中所強調禪宗以自心自性為其信仰的基石，發展出舉世罕見的宗教派別，禪宗美學更是站在此基石上，開創出禪宗獨特的美感經驗，諸如自由、瀟灑、輕鬆、活潑、豁達的胸懷，充滿了機智、風趣與幽默，卻又顯得孤獨、悽涼、荒寒、寂寞。這些都圍繞著自心自性的解脫與自由，這種特點自然形成高度讚揚人本精神、積極肯定自我能力，對自我主體性的極端重視，勇於打破陳規，具有解放思想的美學傾向。〔註69〕

第三節　無常之美與空性之頓現

佛教以「無常」為人生必須永恆面對的課題，「無常」引發人們對生命的感傷，以及一連串對生命意義的追問，佛教面對此剎那生變、瞬息無常的世態人生，所採取的態度不是理性思辯，而是當下的觀照了悟，如《金剛經》上所說的：

> 一切有為法，如夢幻泡影，如露亦如電，應做如是觀。

其中以「夢」、「幻」、「泡」、「影」、「露」、「電」六者形容「無常」，對「無常」進行觀照所獲得的是一種剎那觀照所呈現的現前具足之美，這種參透「無常」所獲得的美感經驗，禪宗美學論者稱之為「無常之美」，〔註70〕透過詩文與藝術等多方面的表現，展現出禪宗式的人生美學。「無常」不美，且使人憂煩恐懼無依、徬徨不安，〔註71〕但透過對「無常」的觀照，「無常」即「常」，「常」

〔註68〕杜繼文、魏道儒，《中國禪宗通史》，江蘇古籍出版社，1993年版，頁2〜3。
〔註69〕胡遂，《中國佛學與文學》，湖南岳麓書社，1998年版，頁99。
〔註70〕劉墨，《禪學與藝境》，河北教育出版社，2002年版，頁1。
〔註71〕審美態度乃叔本華（A.Schopenhauer）最早論及，他認為這個世界，身處之則

即是常此「無常」，即佛教所謂的「寂滅」。〔註72〕

　　禪宗透過「無常之美」的觀照，擺脫墮入「無常」所引起的煩惱迷霧中，烘托出屬於禪宗式的解脫自由。透過對「無常之美」的觀照，刹那即永恆，使禪宗的人生獲得一種觀照的不朽。刹那間，禪的觀照滿足了人生要求不朽的需求，使相異無常、刻刻生變的動盪不安的人生，獲得了生命的安頓。

　　面對宇宙的浩瀚無涯，人生恰如朝露，世事如浮雲，何謂「觀照」？如何「觀照」？「觀照」不只是旁觀之意而已，或者是藉以產生距離的美感，「觀照」包含整體的籠照、全然的了悟，是一種整體的認知，深入到事物內在最核心的本質，如太陽光之照射，光明而普照，兼具光明透徹與普遍意義，佛經上說「佛光普照」即此意，其中最精要的即是使「空性」能夠頓現，「空性」的頓現恰使人捕捉到此刹那、意識到此刹那，刹那存在，刹那消失，無常即常，萬事萬物同此「空性」。本文以「透過自性使空性在世間現象中感性的頓現」作爲闡述禪宗美學的基本論點，即以「空性」作爲「無常觀照」的中心思想，「空性」的頓現，構成了「無常之美」呈現的基本要素。禪的作用發揮，促使「空性在感性世界中的頓現」，便是禪的實踐與妙用，在禪門稱爲「遊戲三昧」，「三昧」乃禪定之意，惟此禪定仍立基於「空性」與對「空性」的頓悟上，「遊戲」二字則含有豐富的美學意義，一方面是操作式的實踐力量，另一方面則形容其自由自在無礙、活潑地，揮灑自如，了無掛礙，彷如遊戲一般自在，隨機地進行教化工作。〔註73〕

　　而頓現的動力來自於「自性」，「自性」即「佛性」，人人皆有佛，必須透過個體自我「自性」的開發，乃因佛教基本信仰重視業報，因此個人的「身、口、意」等思想與行爲便成爲修行的重心，這與中國古代美學所重視的人格主義是一致的；〔註74〕佛教宗派大都強調「空性」，解說偏重各異，但無不重視「空性」，要言之，「空性」乃「緣起說」之性質，而「緣起」實爲「業報」之型式，

　　苦，旁觀之則美。影響到後來英國美學家布洛的「距離審美說」。

〔註72〕錢穆，〈新三不朽論〉，引自《歷史與文化論叢》，台北東大圖書公司，1979年版，頁 185。

〔註73〕吳汝鈞，《遊戲三昧：禪的實踐與終極關懷》，台北學生書局，1993 年版，頁1。該書以「動進的無住心」形容禪的本質，似乎只形容其外在精神樣態，較少觸及其內容本質。

〔註74〕張節末，《禪宗美學》，浙江人民出版社，1999 年版，頁 3。張先生認爲儒家偏重道德人格，道家偏重審美人格，禪宗亦講求人格，但此人格的眼界卻是看空的，即本文所指的「空性」化。

故「空性」最終仍必須回歸「業報」，故個人「身、口、意」之造業與業報，成為佛教信仰之理論中心，以此「緣起」與「空性」才能產生真正的意義，由此觀點可知佛教之業報觀充滿了主體性的人格主義，禪美學亦由此立基。

佛教以「三學」、「八正道」等修行方法來修正個人的思想與行為，禪宗突顯「禪定」的重要性，提倡「定慧等」，尤其是到了禪僧團的出現，將「禪」獨立出來，用以統攝佛教的一切法門。「禪」的本義從音譯的「三摩地」，意指「定」、「止」，靜坐是主要的方法，在於注意力的集中，形成一種「念力」，演變到後來，更將靜坐所達到的定靜功夫擴大到行住坐臥生活的各方面，這便是禪宗「生活化」、「美學化」的契機，而佛教「念力」所養成的止觀禪定功夫，促使「空性在世間現象中感性的頓現」成為可能，當「念力」更加深邃時，逐漸形成為一種綿密的意識流功夫，只是此種意識流活動不是相續不斷的思想之流，而是剎那生滅的型式意識，所浮現的只是當下一念，仍然有其見、存其識，只是存其型式而捨其內容，無內容則無同異可論，此無內容之型式成為禪宗燈燈相照的永恆觀照，也是禪所追求的永恆真常。

禪的泛化開啟了禪宗的美學之門，禪進入了日常生活，禪將「空性」注入了日常人生，使日常人生增加了禪味，這便是前文所說的「空性在世間現象中感性的頓現」作用，山河大地、一切眾生及其作用等都是佛性的顯現，本質上都是美善的，這屬於佛教美學的基本義理。

但佛學中「自性」、「空性」、「緣起」與「業報」等觀念的抽象意味濃厚，充滿理性思辨，不易融入日常生活之中，美學化之後的禪宗，卻形成強大的影響力。禪宗的美感經驗必須透過個人「自性」與現實生活的實踐而呈現，沒有個別自我自由的審美意識，無法產生真正個別獨立意義的美感與藝術。因此，「自性」意義的追求與強調，高揚「心」的主體性與能動性，形成禪宗美學追求個別獨特的風格特色，也相對地刺激了中國美學的發展。

但過度強調「空性」，容易流於頑空，所有的佛學理論都必須回歸到「業報」的信仰，回歸到人的「身」、「口」、「意」等業力的造作與因果循環，尤其是「意」在諸業之中又起決定性作用，這意味著「心」所產生的一切精神作用，包括認識、觀念、情感與意志等心靈的作用，再加上物質性的身體感受，便構成佛教因果流轉的基本鎖鏈。因此，佛教特別重視個人的思想行為，佛教的修持主要便是以自力修持為主，透過個人的自力修持，如《心經》所謂「行深般若波羅密多」，才能達到照見「色、受、想、行、識」五蘊皆空的

境界。個人思想行爲的修持成爲佛教信仰過程中最眞實的皈依，個人生活中一切思想感受與行爲，成爲佛教信仰的重心。這說明禪宗的修行，必須經過佛教的個人的宗教修持，才能達到眞正的解脫與自由。佛教重視「自性」，強調個人的宗教修持，透視「空性」的妙用，而能無私無我，〔註75〕不至流於個人自我的過度膨脹。

　　基本上，美學乃感性之學，禪看空一切，然非連佛性亦看空拋棄，眾生與佛皆有所見，此見性不滅，亦即是佛性不滅，禪美學所凸顯的即是此佛性之感性不滅，即見性不滅，「空性的頓現」則在止息理性的分別作用，本文即是以是否能凸顯「空性在現象中的感性頓現」這一觀念作爲禪美學審美之基本判斷。「頓現」所要凸顯的即是刹那觀照，因諸多理性觀念的運作，常使人心的直感受到蒙蔽。諸如貪嗔癡三毒普現出人心惡業，此世界呈現爲五濁惡世，人欲橫流，充滿塵穢，充滿諸多相異無常，被人的分別意識干擾而片刻不得休息，「空性」相對地無法於感性現象中顯現，人心已被塵穢烏雲遮蔽，人被各種情染無明意識襲擾，充滿了焦慮、恐懼不安，事物的眞象亦無法於當下現前顯現。佛教禪宗的人生觀旨在剷除此貪嗔癡三毒人欲塵穢烏雲，針對此諸多相異無常現象進行觀照，掃除分別意識的干擾，恢復到清淨無染的無意識狀態，促使諸多妙善普現於人心善業，所謂諸善奉行，此世界呈現出清淨、無垢無染，禪文學藝術的功德皆成爲佛事，相對地也使「空性」得於現象中獲得感性的頓現，空去了產生分別心的內容知見，使禪在觀照上不起波瀾，獲得了一如眞常的寂滅的不朽感。其間最重要的關鍵，在於透過「自性」使「空性」於現象中「頓現」，如何才能感受到「空性在現象中感性的頓現」呢？在美學上屬於表現論的範圍，〔註76〕西方藝術的表現說著重在作者的情感表現，禪宗所重視的不只是單純直接的「情感表現」，而更追求形式上「空性的頓現」，排除理性作用與內容之相異，存留形式上的觀照，達到涅槃寂靜的境界；至於文中何以不稱「顯現」，而稱「頓現」呢？「顯現」無法顯示出禪宗美學純粹型式的特性，「頓現」則隱含「頓悟」、「顯現」與「型式」等多重意義，並隱含著「無住」、「無念」、「無相」等方法論之操作義，意蘊更爲完整而豐富。而「頓悟」法門更是慧能禪學之鮮明特色，懸爲入道成佛的關鍵。

　　本文提出「空性在現象中的感性頓現」的操作性說明，描述禪宗美學活

〔註75〕梶山雄一，《空入門》，台北佛光出版社，1996年版，頁30。
〔註76〕王世德主編，《美學辭典》，台北木鐸出版社，1987年版，頁18。

動的特質，禪宗稱此種活動歷程爲「頓悟」，〔註77〕所謂「義由心起，法由心生」即說明心之「頓悟」功用，這是禪宗最重要的主張，「頓悟」所強調的是「空性」與「心體」的「無住性」，「心體」的不可分割性，「心體」不能被當成對象物來對待或切割，「頓悟」的目的是要發揮「心體」的功能，使「空性在現象中的感性頓現」。禪所喚醒出全新的心理意識便是「悟」，「悟」的開顯必須透過「自性」的朗現與親身經歷體驗，這種歷程的體驗如某尼師的悟道詩所說的：

> 盡日尋春不見春，芒鞋踏遍隴頭雲。歸來笑拈梅花嗅，春在枝頭已十分。〔註78〕

「悟」的目的不在發現新的事物，而是經過心理意識的轉化，重新睜開雙眼看待世界，禪宗在審美意識中注入了「空性」與「頓悟」，「空性」無所不在，如《壇經》所說的「見一切法」、「遍一切處」之後，還能「不著一切法」、「不著一切處」，其目的在淨除一切起分別心知見，才是「無念」、「無相」、「無住」之眞境界，此種刹那觀照的審美意識才是「空性」顯現之審美心理意識。禪宗提出其「頓悟」的主張，透過「無念爲宗」、「無相爲體」、「無住爲本」等「三無」實踐方法論的鍛鍊，達到「眞如本性」的顯現，透過禪定所達到的心理境界，構成了禪宗美學最重要的審美意識，禪宗的自性美亦必須經過這些程序而自然呈現，尤其是具備禪的自性美的作品，無不趨向於呈現清淨的眞如本性，達到一種禪宗式的「淨化」作用，〔註79〕其最重要的過程便是從個別事物中抽離出其內容，回歸到單純永恆的型式之美。禪所強調的「無常之美」不爲現象界所限、所縛，著任何相都是無常，而於一切現象中能有所見、有所識，展現出禪的風格。而此「無念、無相、無住」修行法門，構成慧能思想中的認識系統，三者互爲一整體，影響了禪美學風格的形成與創作

〔註77〕 《壇經》云：「善知識，法無頓漸，人有利頓。迷即漸契，悟人頓修，自識本心，自見本性，悟即原無差別，不悟即長長劫輪迴。」參見郭朋校釋，《壇經校釋》第十六節，北京中華書局，1997年版，頁30～31。
〔註78〕 羅大經，《鶴林玉露》。
〔註79〕 亞里斯多德，《詩學》，1449b24－28。亞里斯多德的「悲劇」定義如下：「悲劇是對於一個嚴肅、完整、有一定長度的行動的模仿：它的媒介是語言，具有各種悅耳之音，分別在劇的各部分使用；模仿方式是借人物的動作來表達，而不是採用敘述法，借引起憐憫與恐懼來使這種情感得到淨化。」禪宗式的「淨化」，卻不單純是透過多種情感的宣洩以求得淨化，而是通過超越理性、情感等內容的指涉，所獲得的純粹型式，達到禪宗式的「淨化」。

上的實踐，如以蘇東坡評王維的詩畫爲例，東坡稱王維「詩中有畫」、「畫中有詩」，李澤厚先生認爲前者「正是這種凝凍，即所謂『凝神於景』、『心入於境』，心靈與自然合爲一體，在自然中得到了停歇，心似乎消失了，只有大自然的紛燦美麗，景色如畫。後者則是這種超越，即所謂『超然心悟』、『象外之象』，紛繁流走的自然景色展示的，卻是永恆不朽的本體存在，即那充滿著情感又似乎沒有任何情感的本體的詩」，〔註80〕既「凝凍」又「超越」即是本文所指的「空性的頓現」所呈現的兩個面向，一方面是型式的回歸，另一方面則是型式的超越。正是典型的「無心」、「無念」、「無相」、「無住」與自然合一的禪意，禪美學內在的要求「空性的頓現」，發展出「對境無心」的審美要求與「虛無恬淡」、「任運隨緣」的美學風格，在美學境界上則達到「情景交融」、「物我兩忘」。這種參透本體的感性覺知，直接豐富了中國人的心理結構與審美意識，也成爲禪美學最重要的審美方法論，這種審美意識趨向於佛教的寂滅涅槃境界，其美學風格呈現出一種對「無常」的觀照之後，所產生的「無常之美」，此種「無常之美」以禪宗獨特的「刹那觀照」作爲其內在的審美意識，透過文藝上的創作表現爲漂泊無依的心境，構築成禪宗美學「空靈寂寞」、「孤寂幽玄」、「心境渾一」等獨特的審美意境，即是意欲傳達擺脫各種形下實質內容，獲得一種形上的絕對純粹型式。

　　這種展現的過程與藝術創作的過程相似，「感性的顯現」乃是沿用黑格爾《美學》中對「美」的定義：「美就是理念的感性顯現」，〔註81〕黑格爾認爲「美的生命在於顯現（外形）」，〔註82〕禪宗的美感的呈現，就是使抽象的理性思維的「空性」落實到現實的具體的感性形象，使「空性的美」成爲具體可以感受認知的藝術形象，這種隨機應化的過程，在《壇經》上稱之爲「遊戲三昧」，慧能說：

　　　　若悟自性，亦不立菩提涅槃，亦不立解脫知見。無一法可得，方能
　　　　建立萬法。若解此意，亦名佛身，亦名菩提涅槃，亦名解脫知見。
　　　　見性之人，立亦得，不立亦得，去來自由，無滯無礙，應用隨作，
　　　　應語隨答，普見化身，不離自性，即得自在神通，遊戲三昧，是名

〔註80〕李澤厚，《華夏美學》，台北時報文化公司，1989 年版，頁 183。
〔註81〕黑格爾，《美學》第一卷，北京商務印書館，1979 年版，頁 142。
〔註82〕黑格爾，《美學》第一卷，北京商務印書館，1979 年版，頁 7。依照黑格爾的
　　　　觀點，理念「顯現」於現象，成爲具體的統一體，才有美。

見性。〔註83〕

禪的遊戲性形容其心靈的自由顯發、揮灑自如，彷如遊戲一般，卻在自由點化、揚眉瞬目之間，達到宗教上的教化作用，吳汝鈞教授認為：

> 禪的遊戲，必須以三昧為基礎，否則意志不易把持得住，易流於蕩漾；三昧亦必須發而為遊戲，否則，在三昧中所積聚的功德，便無從表現出來，發揮其作用。遊戲是動的，三昧則偏於靜的，兩者結合，而成遊戲三昧，即是動靜一如的狀態。〔註84〕

具有「空性的美」的藝術作品，最明顯的莫過於王維的詩歌和倪雲林的山水畫，這類作品透過對流轉不已的自然景象，傳達出「動即靜」、「色即空」乃宇宙人生之真諦。為了要烘托出「色即是空」、「動即靜」的藝術內涵，其藝術風格往往「追求一種荒寒平淡的意境，流露出一種與禪相通的『喧寂同觀』、『有無俱遣』的寂寞心緒」。〔註85〕此種「荒寒平淡」的意境同時能展現出一種直觀的模糊性，顯示出其不著相，太著相則「空性」無法顯現。

　　禪宗的修持曰禪修或禪定，透過禪修達到「心一境性」、「思與境偕」等禪悟的途徑與其境界，歷來以「開悟」來形容禪者修行的目的，事實上「開悟前」、「開悟後」與「開悟時」三者皆一，其所面對的都是相同的宇宙實相。此「無常之美」，深扣著禪宗的頓悟，並藉由在現象中的呈現，訴說著宇宙實相深淨空靈、荒寒平淡的美感，烘托出幽玄孤寂的人生情味，藉以說明生命存在的實相。經過禪宗「透過自性使空性在世間現象中感性的頓現」之過程中，滲透進了禪宗的宗教意義、宗教藝術、審美意識等多方面的發展，逐漸形成禪宗獨特的美學文化。

〔註83〕《大正藏》，四八・三五八下。

〔註84〕吳汝鈞，《遊戲三昧：禪的實踐與終極關懷》，台灣學生書局，1993年版，頁164。

〔註85〕韓林德，〈禪宗與中國美學〉，引自《中國審美意識的探討》，北京中國戲劇出版社，1989年版，頁156。

第三章　禪與自然

　　禪，梵語稱禪那（DHyana），意譯為思維修，含「對境研習」之意。要達到靜慮觀照的作用，首先必須處理「對境」的問題，而「自然」便是禪對境的場所。

　　根據前面第二章第二節論禪宗美學的基本性格，以「自性為美」說明禪宗受到般若經的影響，頓入山林，採取被動式地「隨緣度眾」、「應機說法」；論文第四章將論述禪宗哲學對禪宗美學形成的決定性影響，最後以「不立文字」與回歸自然之大破大立，作為禪美學思想運動之鮮明旗幟，這也是禪歸隱山林最重要的理論根據之一，〔註1〕正是這種新的生命觀與對世界的觀照，造就了禪宗全新的價值觀，從此，禪窺見了人世的虛幻面，禪並不是刻意地要走向山林，因為「刻意」與「唯一」也是一種執著，禪只是「如實地」、自然地走向真實，從充滿各種虛幻名相的人造世界回歸到天地的真實中來，走向涅槃佛性的存在狀態，從透視萬事萬物的空性，發現人性內在深沉的意識原型，追求內外的一致性與身心的合一。

　　這其實是一種禪化的「天人合一」觀，因緣和合的空觀直接破除了儒家的天命，肯定自心自性又使天人合而為一，會合在何處？會合在「佛性」上，與儒家主張的「天人合一」不同，儒家重視歷史文化的傳統，肯定人心人性

〔註1〕　杜繼文先生從社會運動的觀點而持不同看法，他認為：「禪宗發端於南北朝，是以游僧為主體的佛教異端：因遭受官方僧俗的雙重壓迫，乃南下深隱山林，聚眾定居，墾荒自給，不斷壯大，在武則天時為國家承認。」本文則從哲學美學思想史的脈絡思考，立論角度不同而推論亦有異。參見杜繼文，〈禪・禪宗・禪宗之禪〉，引自《禪學研究》第三輯，江西古籍出版社，1998年版，頁1。

之性善。〔註2〕佛教傳入中國，中國文化經過一個印度化的過程中，佛學禪宗受到廣大民眾與知識分子的歡迎，同時亦成為中國人文化與生活的一部份，尤其是禪宗對自然的愛好，雖然精神意趣與思想內涵上與道家莊子不盡相同，其型式外貌上與莊子道家卻頗能相合，禪宗吸收了道家的自然思想，走入了山林，又能保持禪宗獨特的自然空觀；禪宗也融會了儒家「天人合一」思想，並進一步地發揮其精義，如楊惠南教授所說的「善待世間事物」，禪肯定世間事物的多層涵義，引申為對世間美德的讚揚，且更進一步要求「不怪力亂神」，成就了的禪化「天人合一」思想，〔註3〕重視心靈化的宇宙自然空觀，在審美直觀上凝練出獨特「境」的美學生命經驗。其思想上的分野，儒家的「天人合一」著重點在道德倫理的心性問題，禪宗則是回歸自然之後，將自然心相化，把自然帶回到內心，在內心中所呈現的是心靈化的自然，而這心靈化的自然造就了全新的美感經驗，即「意境」的誕生。禪化的「天人合一」，所著重在呈現天地境界與人格精神，不同於莊子之回歸天地而忽略了小我人格，亦不同於儒家之太看重人文世界。

　　本文的觀點不同於張節末先生所認為的：

　　　　禪宗依據空觀僅僅把萬物萬象當作純粹現象——作為色（法）的自

　　　　然，與空一體。〔註4〕

及其所推出的結論：

　　　　如果大體而論，說莊子是自然人，儒者是道德人，玄學家是準自然

　　　　人，那麼可以斷言，禪者決不是自然人。〔註5〕

張先生此處所謂的「自然」與「自然人」，應是道家意義下的自然義，才會認為「禪者決不是自然人」，張先生以禪的空觀視自然萬物為現象，事實上這只是禪的辯證過程，禪並不執著於「空」或「現象」，因為禪者更看重的不是「風動與幡動」，而是「仁者心動」，毋寧說禪者是更徹底的自然人，這自然人眼中的「自然」，不單單只是自然，而是心相化了的自然，達到了「自然」與「心

〔註2〕　張伯偉，《禪與詩學》，浙江人民出版社，1992年版，頁165。

〔註3〕　有的學者形容此種現象為「與與宇宙為一體」、「與天地萬物同根同體」的自
　　　　然主義趨向，不過此種描述容易與莊子的天地萬物為一體的境界相類，未若
　　　　如禪師所謂的「本身心田」、「主人公」之具有人格精神。參見章利國，〈中日
　　　　繪畫中的禪宗美學及其比較〉，引自《禪學研究》第三輯，江西古籍出版社，
　　　　1998年版，頁123。

〔註4〕　張節末，《禪宗美學》，浙江人民出版社，1999年版，頁133。

〔註5〕　張節末，《禪宗美學》，浙江人民出版社，1999年版，頁133。

靈」合一的境界，已經超越了「見山是山」與「見山不是山」的我執與法執，回復到第三階段「見山只是山」的純然直觀生命體驗，他所強調與透顯的依然是背後的「仁者心動」。此仁者的心乃融合了莊子的自然觀與禪的空觀，進而回歸儒家的天人合一觀，但又因禪空觀的影響，終究不同於儒家的「天人合一」觀，形成本文所稱的「禪化的天人合一觀」，其中最大的關鍵點禪沾染了濃厚的中國文化的色彩，另一方面也使中國文化增添了異樣的面貌、活力與光彩！

「自然」，是中國美學審美觀照最重要的舞台，從遠古人面蛇身的圖騰意味著「自然的人化」與「人的對象化」，所謂的「龍飛鳳舞」正形容人與自然進行著一種狂烈的活動。〔註6〕在仰韶彩陶中，自然更化身為各種動物紋樣，尤其是多達十幾種的魚紋與具有象徵性的含魚人面，訴說著人與自然的依存關係，其樸素的線條不再是恐怖神秘與緊張，而是傳達出先民天真的感謝之情！

在思想上，儒家孔子面對自然天地山水，而有「逝者如斯夫，不捨晝夜」的感懷，亦有「仁者樂山，智者樂水」的自然比德模式，這是樸素的天人合一觀；到了莊子進行全面性的回歸自然運動，主張「天地與我並生，萬物與我為一」（《莊子‧齊物論》），擴大了中國人的審美視域，強調人與自然的親和；魏晉玄學美學重視人格美的批評，透過對人格美的自然化，創造出一種形象美，如《世說新語‧容止》篇形容「嵇叔夜之為人也，岩岩若孤松之獨立；其醉也，巍俄若玉山之將崩。」玄學家常標舉清風明月比喻人的胸襟，禪者的眼光則回歸到自心自性，把風動幡動的客觀物理現象歸之為「仁者心動」，經過這種轉化，自然逐漸心相化，如張節末先生所說的：

> 禪宗看自然，一方面巧妙地保留了它的所有細節，依然是莊子、孔子和玄學家們眼中的那一個自然，另一方面，它卻把同一個自然空化和心化了。由此，審美直觀發生了質變，或者說，自然被賦予了新的意味。這種變化是潛移默化的，又是巨大的。它所貢獻予中國人的，是一種極其細巧精緻、空靈活泛和微妙無窮的精神享受。它重新塑造了中國人的審美經驗，使之變得極度心靈化，相對於莊子的逍遙傳統，它也許可以稱為新感性。〔註7〕

〔註6〕 李澤厚，《美的歷程》，廣西師範大學出版社，2001年版，頁3～14。

〔註7〕 張節末，《禪宗美學》，浙江人民出版社，1999年版，頁4。張先生以「新感性」形容禪宗的審美直觀，用於區別於莊子或玄學的感性而言，具有看空的

張先生所謂的「空化」和「心化」正是禪宗最大的特點之一，形成與儒家、道家風格迥異的禪宗美學精神，這種全新的審美直觀，不同於儒家的以「道德」的觀點看自然，也不同於莊子把「人」安放於自然之中。

禪宗式的審美觀經由佛教的傳入中國，佛學的「空性」正潛移默化地、一點一滴地滲入中國文化的各個領域之中，在中國的美學感性上重新注入了新的因素，經過這個過程，中國美學突然煥然一新，這也是張節末先生稱之為「美學的突破」〔註8〕的主要原因。而於形成「美學的突破」的過程中，禪家與自然的關係非常密切，也成為禪美學的特色。心靈與自然的合一，促使「境」的審美直觀之誕生！此種與天地自然融通為一的自然空觀，與早先佛教傳入中國時所提倡的「止觀法」，以貪、嗔、癡的角度來觀察這個世界，而得出「不淨觀」的方法論，所謂「觀身不淨」、「觀受是苦」、「觀身無常」、「觀法無我」，希求洗淨人心的貪婪與愚癡，與後來中國化了的佛國一片淨土境地，截然不同，亦可說是受到中國自然思想的影響。

而禪的回歸自然運動，受到思想、社會、經濟等多方面因素的影響，分述如下：

（一）思想層面

一般以「天下名山僧占多」一詞來形容佛教禪宗僧徒進住了深山幽谷中的大自然，這也決定了禪在表達自我時的基本背景，同時也是傳達禪的意境最重要的暗示。如王維的輞川絕句，形容大自然的深林、青苔、花開花落、春澗、山鳥，從動態中呈現一種永恆的靜，王漁洋稱之為「字字入禪」。許多禪師的開悟，常因自然事物的觸發，如花開、鶯啼，而茅塞頓開，促使文藝創作中的靈感迸發。

自然山林儼然成為呈現禪精神意趣的存在場，與其說經由大自然的觸發而領悟到淡泊寧靜的禪機與永恆存在的體驗感，不如說自然的人化之後，即所謂禪式的「天人合一」，由天地自然景物所烘托呈現活在剎那永恆的自然人，表現出普遍人性的天地情懷，如煙江欲雨中的歸人、或谿山行旅、或臨

特點，只在中國美學的論域中有效，與馬庫塞「新感性」涵義不同。
〔註8〕 「突破」的觀念，首先在雅斯培《哲學導論》中提出，余英時先生運用在中國文化的研究上，張節末先生沿用在美學研究上，例如張先生提出「莊子美學的出現導致中國人純粹審美經驗的生成，超越了禮樂文化，擺脫了美善糾纏不清的局面，造成了影響極為深遠的美學突破。」參見張節末，《禪宗美學》，浙江人民出版社，1999年版，頁1～3。

流待渡，這種天地情懷恰恰合乎鈴木大拙所謂的宇宙無意識，自然事物的無意識、無目的、無思慮計議性，卻是充滿活潑的生機。鈴木大拙認爲「自然」之可貴處正在於此種無目的性，他說：

> 自然活動是盲目的，因而自然中沒有規律。規律完全屬於人類世界，是人類性或人爲性的東西，好與壞都是如此。只要人能產生規律，就會爲了一種確定的目的約束自己。〔註9〕

鈴木大拙認爲人類具有理性與反省能力，使人能超越自然、支配自然，卻無法確定知道自己最終何所往？人類最終亦將被「吞沒在那『未知者』的無目的性中」。

（二）經濟社會層面

關於禪的回歸自然運動，杜繼文先生從歷史、經濟、社會等層面著眼，他認爲：

> 第一，聚居山區的禪眾，以自給性農墾爲經濟基礎，勞動爲禪眾的第一要務，因而從根本上改變了僧侶靠國家供養和民眾布施的寄生式生活方式，爲自我具足、自我完滿的理想人格，提供了可以實現的物質條件。

> 第二，由逃亡性的流動，到安定的山居，是對社會苦難和煩惱的一種解脫；向自然人生的回歸，也是對世間名利的淡化；對自然美的發現，開拓了對自然自身的感受和欣賞。〔註10〕

杜先生從社會歷史層面解釋禪走向山林的動機，並由此衍申出對自然美的發現。而禪家與自然的融匯，更透過以下方式達到融通合一的境界。

第一節　熱愛自然

以「熱愛自然」來形容禪師們的喜好，似乎充滿情感而不大貼切，卻是眾所公認的事實，不過禪者的「熱愛自然」在心理意識上，已經不同於孔子儒家讚美自然「生生之德」或莊子道家「與萬物爲一體」，甚至陶淵明「採菊

〔註9〕 鈴木大拙著，耿仁秋譯，《禪風禪骨》，台北大鴻圖書公司，1992 年版，頁 278 ～279。

〔註10〕 杜繼文，〈禪，禪宗，禪宗之禪〉，錄自《禪學研究》，江蘇古籍出版社，1998 年版，頁 7。

東籬下，悠然見南山」的回歸田園。禪吸收了道家的自然思想，又進一步突破了莊子所追求心靈的自由與自然冥合爲一的虛玄境界，禪對自然的態度一下子變得清明了，自然不再只是「一氣之化」，自然成爲展現「空性」最眞實的場所，人從其中獲得啓發，在自然中發現禪機而開悟，「熱愛自然」成爲禪宗思想的一個特徵。〔註11〕

禪宗主張當下頓悟，以「直指人心」、「見性成佛」，形成一種現實主義與樂觀主義的精神，在美學藝術風格上便具有親和與寫實的傾向。從達摩「凝住壁觀，無自無他，凡聖等一」的修持，目的在使人與自然合一。著名的「見山是山」的老僧參禪三階段公案，其全程都與「山水」相伴。〔註12〕

禪的回歸自然，不純然只是對人世的不滿或逃避，而是發現了更高的眞理，如本文第四章第二節「不立文字與禪的終極關懷」所述，禪發現人造世界的虛幻性，要求重新回到天地境界的眞實世界中去，禪投身於自然，重獲生機，回歸於自然，重歸於佛性。面對著大自然生機盎然，禪投入極高的興致，從其中獲得無限的啓發，對自然的觀照成爲參禪最重要的活動之一。人類從遊歷之中，獲得與大自然親近的機會，而「這種親近便一層層打破了箍在人身上的束縛，那一顆自由自在的心靈也因此從封閉的世界中沖決而出了」〔註13〕。所謂「箍在人身上的束縛」，即指人類自造的世界，形成人與自然天地之間重重的阻隔。而禪宗哲學與美學強調這種與大自然作深切無間的交往，以致實現物我不分的「無念」，導致禪美學形成自然主義的趨向，〔註14〕如日本學者矢代幸雄在其〈禪宗美術的象徵主義研究〉一文中指出：

　　去除人生虛飾與俗念，擺脫塵世羈絆，期望心境澄澈的禪宗的精神

　　主義，畢竟催化了投身並融合於大自然沉默懷抱的嚮往，……禪宗

　　的精神主義同時與自然主義融爲一體。〔註15〕

從達摩祖師在少林面壁，四祖在破額山參禪，五祖在東山講學，歷代禪宗祖師居士們都喜歡生活在山林大自然之中，歌頌著「情繫深山」的喜悅。〔註16〕

〔註11〕程至的，《繪畫‧美學‧禪宗》，北京中國文聯出版社，1999年版，頁307。
〔註12〕章利國，〈中日繪畫中的禪宗美學及其比較〉，引自《禪學研究》第三輯，江西古籍出版社，1998年版，頁122。
〔註13〕劉墨，《禪學與藝境》，河北教育出版社，2002年版，頁21。
〔註14〕章利國，〈中日繪畫中的禪宗美學及其比較〉，引自《禪學研究》第三輯，江西古籍出版社，1998年版，頁123。
〔註15〕矢代幸雄，〈禪宗美術的象徵主義研究〉，引自《新美術》，1992年第三期。
〔註16〕蘇浙生，《紅塵禪話》，江西人民出版社，1996年版，頁190。

李澤厚先生在其《中國古代思想史論》指出：

> 禪宗非常喜歡與大自然打交道，它所追求的那種淡遠心境和瞬刻永
> 恆，經常假借大自然來使人感受或領悟。〔註17〕

而這種喜歡與大自然打交道，並不是要利用自然或者與自然對立，而是直接在大自然中發現了心靈的境界，如瑞士思想家阿米爾所說：

> 一片自然風景是一個心靈的境界。〔註18〕

而「自然」便是禪宗取境最佳的場所，從自然中取境便成為禪家參悟的最佳途徑。日本當代禪學大師鈴木大拙也談到禪者對自然的愛好：

> 他們愛自然是如此深切，以致他們覺得同自然是一體的。他們感覺
> 到自然血脈中跳動的每根脈搏……在每一片花瓣上都見到生命或存
> 在的最深神秘……這種愛伸至宇宙生命的最深深淵。〔註19〕

在禪者的眼中，神和理性都不是和自然對立的，而是滲透在自然之中。人與自然景物都是宇宙常行流轉中息息相關的實體。〔註20〕中國最著名者的禪詩人王維的《終南別業》詩中描述他中年以後回歸山林參禪的心路歷程：

> 中歲頗好道，晚家南山陲。興來每獨往，勝事空自知。行到水窮處，
> 坐看雲起時。偶然值林叟，談笑無還期。

正代表著「好道」而獨往於南山，悟到了最高的真理。

慧遠居廬山，捐棄世事，獨能欣賞山川之美：

> 洞盡山美，卻負香爐之峰，傍帶瀑布之壑，仍石疊基，即松栽構，
> 清泉環階，白雲滿石。〔註21〕

永嘉玄覺在其《證道歌》也歌頌悠遊於自然山林的寂寥瀟灑：

> 入深山，住蘭若，岑崟幽邃長松下，優遊靜坐野僧家，闃寂安居實
> 瀟灑。（永嘉玄覺《證道歌》）

但玄覺禪師並不是一味地執著於山林幽居，他提出禪者須先澈悟才居山修定，才不致執著於外境而為外境所轉，所以在回答天台玄朗的信中，他說：

> 是以先須識道，後乃居山。若未識道而先居山者，但見其山，必忘

〔註17〕李澤厚，《中國古代思想史論》，
〔註18〕引自《中國古代美學藝術論文集》，上海古籍出版社，1981年版，頁288。
〔註19〕鈴木大拙，《禪與心理分析》，民間文藝出版社，1986年版，頁18～19。
〔註20〕韓鵬杰，《禪宗美學思想初探》，引自《法藏文庫·中國佛教學術論典·56碩博士學位論文》，高雄佛光山文教基金會，2002年版，頁356。
〔註21〕引自《中國佛教思想資料選編》，第一卷，北京中華書局，1984年版，頁124。

－45－

> 其道。若未居山而先識道者，但見其道，必忘其山。忘山則道性怡
> 神，忘道則山形炫目。是以見道忘山者，人間亦寂也；見山忘道者，
> 山中乃喧也。〔註22〕

永嘉大師所要強調便是禪者熱愛山林、走向山林，背後尚有一層形上的意義，屬於禪道的思想層面。

宏智正覺禪師的語錄中透露出自然與法身的關係：

> 諸禪德，來來去去山中人，識得青山便是身，青山是身身是我，更
> 於何處著根塵？（《宏智禪師廣錄》卷四）

洞山良價禪師的偈頌記載他高隱深山的喜悅：

> 而今高隱千峰外，月皎風清好日辰。
>
> 眾生諸佛不相侵，山自高兮水自深。萬別千差明底事，鷓鴣啼處百
> 花新。〔註23〕

日本現代禪學大師鈴木大拙在短篇小品文〈水仙〉中也抒發它對自然的感懷，他說：

> 現在，如果在我的室內看不到花草，那我是難以忍受的。〔註24〕

鈴木大拙之所以無法忍受是因為他已經習慣於與自然物的融通合一，以禪家的用語則是通過已開悟的心靈重新睜開雙眼所獲得鮮活的世界，並且從其中獲得最大精神享受與自由，他認為「任何一種生命型態都是值得讚嘆的，當你感受到他們的生命的活動，並和他們息息相通，那你的生活也變得意趣盎然了。」〔註25〕同樣的情形，曉雲法師在其《園林思想》一書中也提到：

> 中印的文化，都是受自然的影響而產生的，因此佛經中充滿禪與藝
> 術境界，泰戈爾有森林哲學，中國有田園詩、山水詩，我把這種從
> 自然中所啟發的思想，名為「園林思想」，覺得很有意思，為我自己
> 的心境開個窗，也為青年人思想開個窗。人若沒有園林的自然思想，
> 時時都會被困。〔註26〕

〔註22〕 永嘉玄覺，《永嘉集‧勸友人書》，引自《中國佛教思想資料選編》，第二卷第
四冊，北京中華書局，1983 年版，頁 137。
〔註23〕 洞山禪師，《白話洞山禪師語錄》，台北圓明出版社，1994 年版，頁 279～280。
〔註24〕 鈴木大拙，《禪者的思索》，台北大鴻出版社，1992 年版，頁 226。
〔註25〕 鈴木大拙，《禪者的思索》，台北大鴻出版社，1992 年版，頁 226。
〔註26〕 曉雲法師等，《園林思想》，台北原泉出版社，1996 年版，頁 141。曉雲法師
於另一文〈禪宗思想與園林思想〉中也強調：「佛說法之環境，都在園林樹下，

曉雲法師所指出「為我自己的心境開個窗」就如同鈴木大拙希望與外在的生命型態息息相通，現代人生活高度機械化的世界，生活生命時常受到阻隔，身心皆為形役，甚至身處困境而不自知。因此由此觀點來看禪的回歸自然，更有現代文化學上的意義。禪的這種直覺與人、自然的融通，也受到西方心理學家弗洛姆的讚賞，弗洛姆認為現代人的壓抑、精神變態都是人與社會、自然疏離所致。〔註 27〕當鈴木大拙以〈禪與日本人的自然愛〉為題時，首先便以日本人對富士山的感情引起全文，他說：

> 富士山所喚起的感情，從藝術角度看來是那樣的美，不僅如此，它
> 似乎還有某種淨化心靈，使人崇高化的東西。〔註 28〕

鈴木大拙面對著工業化與都市化的現代社會，他大聲疾呼要保留此種對大自然的愛，他認為在「崇拜自然的態度裡，存在著高尚的宗教情感，所以在今天這樣的科學、戰爭和經濟的時代，不論怎樣，我都想保持這種對自然的態度。」〔註 29〕就現今人類所處的時代而言，依鈴木大拙的觀點，似乎更需要禪、需要親近自然，以淨化人類的心靈，進而喚起人類崇高的宗教情懷。這也影響到人類對自然的態度，鈴木大拙說：

> 與日本人的自然愛相結合的禪的禁欲主義，其最富特色的地方是什
> 麼？那便是對自然付出了與之相應的無限尊敬之情。這一點上，它
> 把自然不看成是征服的對象，而是把自然看成友善的存在。〔註 30〕

從此處可知鈴木大拙對禪與自然的觀點及其禁欲主義是與現代物質至上的主張是完全不同的。人的心靈與自然和諧應自身體開始。

靈鷲山中：天地自然景物之啟人遠思，曠人心境：園林山色，陰晴雨露，妙
幻無邊。」參見同書頁 22。

〔註 27〕弗洛姆認為由於「社會目標」造成社會幻象，滲入人的思維，形成一種「虛假的意識」，而與真實存在相隔離，導致人與社會、自然疏離，在精神上產生孤獨感、失落感，以致形成精神病狀。因此，人的思想情感，必須超越「社會目標」、超越社會的三重過濾器——語言、邏輯和禁忌，才能排除障蔽，從意識到無意識的暢通，認識存在的真相，而使精神得以鑿朗、健全。以上參見鈴木大拙、弗洛姆等人合著之《禪與心理分析》。

〔註 28〕鈴木大拙，〈禪與日本人的自然愛〉，引自《佛教與東方藝術》，吉林教育出版社，1989 年版，頁 868。

〔註 29〕鈴木大拙，〈禪與日本人的自然愛〉，引自《佛教與東方藝術》，吉林教育出版社，1989 年版，頁 869。

〔註 30〕鈴木大拙，〈禪與日本人的自然愛〉，引自《佛教與東方藝術》，吉林教育出版社，1989 年版，頁 878。

法國哲學家梅洛·龐蒂認為：

> 身體是自我與自然相逢之處，甚至在身體之中有時分不清身體或自
> 然，也因此人與自然的和諧必須從身體開始。〔註31〕

當代佛教教育思想家曉雲法師在其《佛教藝術講話》一書中提到：

> 我想佛教與其他宗教藝術最大的不同處，是釋迦牟尼佛純粹由大自
> 然中培養出來，……從釋迦牟尼佛離開皇宮，六年參方、苦行，四
> 十九年講經說法，乃至入涅槃，沒有一段時候離開大自然。可以說，
> 大自然的境界是藝術的淵源。這也是我早年信佛的思想淵源。〔註32〕

從曉雲法師自道早年信佛的思想淵源，及其後來提倡「園林思想」與「覺之
教育」，創辦了森林大學——「華梵大學」，〔註33〕並設置了「自然教室」、「三
友路」、「阿育王柱」、「百丈寮」、「菩提路」、「水源路」等景觀，這些都是受
到佛教禪學熱愛自然思想的影響。曉雲法師在《園林思想》一書中也提到生
活在工業時代的人們，處處緊張、忙碌，無法使自己的心安閒下來，必須尋
求心理調養的方法，曉雲法師說：

> 中國人對於一花一草，一樹一石，皆有性靈通感。然而，這不只是
> 學習知識上的學問，而更重要的是心的培養。〔註34〕

而「心的培養」並不是一朝一夕、一蹴可幾的，必須使心開闊與天地為儔，
不為現實環境所限，能設法多到自然山水處走走，「人走到大山壑裡，便感覺
自己心中忽然豐富起來。在名利囂鬧場中，不難感到索然而乏味」，〔註35〕向
自然人生的回歸，相對地也對世間名利的淡化，而要避免心靈的窒息，挽救
心靈的失落，就必須在大自然去提昇人的生命與智慧，彭震球先生在其〈從
「園林文學」談起〉一文中也提到：

> 中國的教育家與宗教家早就懂得這個道理，所以唐宋時代的寺院與
> 書院都建立在叢林裡，讓生徒在叢林裡生活，接近自然，體驗人生，

〔註31〕 沈清松，《簡樸思想與環保哲學》，台北立緒文化公司，1997 年版，頁 14。

〔註32〕 曉雲法師，《佛教藝術講話》〈宗教與藝術——論佛教空有之藝術思想〉，台北
原泉出版社，1991 年版，頁 3～4。

〔註33〕 曉雲法師，〈《園林思想》再版序〉，引自曉雲法師等，《園林思想》，台北原泉
出版社，1996 年版，序頁 4。曉雲法師說：「園林思想再版，距初版已十九寒
暑，我仍以園林為依歸。即使為社會教育拓荒大崙天台，也是園林構想，山
樹為鄰，而沒有太多華飾景觀，卻也重視境觀鑑照。」

〔註34〕 曉雲法師等，《園林思想》，台北原泉出版社，1996 年版，頁 41。

〔註35〕 曉雲法師等，《園林思想》，台北原泉出版社，1996 年版，頁 43。

　　　　培養其純樸的本性，開發其超越的智慧，這種教育設施，確實收到
　　　　很大的效果。〔註36〕

彭先生的觀點正呼應了曉雲法師創辦華梵大學這一所森林大學的理想，與目
前台灣的森林中小學設置於大自然的山林之中，同樣是發現了大自然對人心
靈的啟發與教育的重要！至於如何引領人們回歸自然，莫如昔時石頭希遷禪
師的開示：

　　　　自始至終，只是這個回頭轉腦，更莫別求。〔註37〕

程兆熊先生解釋道：「我們知道自古自今，只有兩個世界：一是回頭的世界，
一是不回頭的世界。回頭的世界，有生命的安頓、有心靈的覺醒、有人性的
復活、有智慧的潤澤；不回頭的世界是生命萎縮、心靈窒息、性情桔亡、智
慧衰退；文學在此亦可清楚看出園林文學是回頭的文學。此外哲學也要有回
頭的哲學，宗教亦復如是。如爬山時一步步向上爬，但一回頭，境界便即不
同。我們在都市裡不耐煩，但在山中稍一回頭，境界又不一樣了。不管佛教、
儒家、耶穌，都說到回頭的問題。所謂回頭是岸、回頭是復，復見其天地之
心。」〔註38〕以此意義看來，禪宗及其美學便是回頭的宗教、回頭的美學，
回歸自然復見其天地境界的美學。

　　關於園林與自然的重要性，施惟達先生在《世界園林藝術博覽叢書》的
總序文中也提到：

　　　　人與自然和諧相處，是人類邁向二十一世紀的主題。這是人類在二
　　　　十世紀的發展歷程中得到的最深刻的啟示。在人與自然的關係上，
　　　　人類有與自然為敵，為了暫時的利益而肆意破壞自然的慘痛教訓，
　　　　這些教訓的苦果，人們今天還正在吞咽。〔註39〕

施先生認為對於久居城市的現代人，「園林」乃重返自然的捷徑，它在普通人生
活中的意義從未如此重要。尤其是中國與日本的園林，重視自然的意境與禪思，
更能藉由透過園林，與自然達到更高的精神默契，獲得永恆的體驗與智慧。

〔註36〕彭震球，〈從「園林文學」談起〉，引自曉雲法師等，《園林思想》，台北原泉
　　　　出版社，1996 年版，頁 93。
〔註37〕程兆熊，〈由園林說到園林文學〉，引自曉雲法師等，《園林思想》，台北原泉
　　　　出版社，1996 年版，頁 89。
〔註38〕程兆熊，〈由園林說到園林文學〉，引自曉雲法師等，《園林思想》，台北原泉
　　　　出版社，1996 年版，頁 89。
〔註39〕參見章俊華，《內心的庭園》，雲南大學出版社，1999 年版，內封頁總序文。

　　根據以上論述可知，禪家之熱愛自然、回歸自然，顯然已經擴大了儒家「仁者樂山，智者樂水」之比德於自然與莊子「一氣之化」之親合於自然，增添了佛學的「空性」，而這個「空化」與「心化」的自然，刺激了中國文化的再創造與新生，而有了隋唐以後的佛教興盛，對中國文化造成全面的影響，尤其是對教育與個人生命境界的提升，具有終極性的指導作用。自然已不只是呈現山林之美或山川寂靜悠閒之趣，而是更積極地具有洗滌新生、甚至引發潛意識中的創造泉源。〔註40〕

第二節　親證自然

　　面對這種新的自然觀，在中國人的生命經驗中似乎不容易獲得全然理解與體會，因此產生出許多新詞或新字，如以「般若」一詞象徵智慧，卻又超乎智慧，而禪美學所強調的「境」這個字所涵攝豐富的哲學美學意義，正是透過佛教禪宗的確立，逐漸獲得明確的意象，「境」的提出與重視，正是在潛移默化之中逐步被賦予新的意義，這裡蘊藏著透過全新的自然觀所產生的審美意識。

　　「境」之本義指「疆域」，「境界」一辭似乎首見於《後漢書‧仲長統傳》：「當更制其境界，使遠者不過二百里。」〔註41〕其中「境界」有邊界之意；到了陶淵明詩：「結廬在人境，而無車馬喧」，即擴大了「境」抽象之象徵義；在《世說新語‧排調》記載：「顧長康啖甘蔗，食尾。人問所以，云：『漸至佳境』」〔註42〕「境」的含意又有了感受與品味的意思。在佛學中，「境」的含義又加入了「空」義，如《大毗婆沙論》所說：

　　　　境，通色、非色；有見、無見；有對、無對；有爲、無爲；相應、
　　　　不相應；有所依、無所依；有行相、無行相。

「境」的涵義又擴大到宇宙間一切境象，成爲宇宙之代名詞。〔註43〕

　　經唯識宗與華嚴宗在中國的相繼成立，其所強調的「三界唯心」、「唯識無境」等哲學論題，亦爲禪宗所本，「境」也成了開悟之法門。〔註44〕

〔註40〕此點鈴木大拙稱之爲宇宙無意識的開發。
〔註41〕范曄，《後漢書》第六冊，北京中華書局，1987年版，頁1653。
〔註42〕余嘉錫，《世說新語箋疏》，上海古籍出版社，1993年版，頁819。
〔註43〕劉墨，《禪學與藝境》，河北教育出版社，2002年版，頁350。
〔註44〕杜繼文，〈禪‧禪宗‧禪宗之禪〉，引自《禪學研究》第三輯，江西古籍出版
　　　　社，1998年版，頁8。

中唐時期已提出「清清翠竹，盡是真如，郁郁黃花，無非般若」的觀念。（《祖堂集》卷三〈慧忠國師〉）

到了晚唐時期「無情有性」則已成為諸家的共識，著名者如永明延壽之「是境作佛」、文偃稱「總在這裡」、馬祖道一說「觸境皆如」等，都是強調從「境」上得悟。由眼前的「這個」見性悟道，因此稱之為「觸類是道」，由此觀察，杜繼文先生指出：

> 這樣，禪被泛化到了一切現象，貫徹到了一切生活，從而昇華為一
> 種人生體驗和主觀意境，以及由此帶來情感上的宣洩和抒發。〔註45〕

這也是禪修的方式從靜坐擴大到行住坐臥等日常一切，進而將日常生活全部禪化的思想脈絡，於是就有禪師指出：

> 一切色是佛色，一切聲是佛聲。

> 桃花紅，李花白，一塵一佛土，一葉一釋迦。（《五燈會元》卷十七）

一切自然現象便成了開悟覺醒的對象，永嘉玄覺更進一步說的：

> 一性圓通一切性，一法遍含一切法，一月普現一切水，一切水月一
> 月攝。（《永嘉證道歌》）

甚至於「一」能普現「一切」，就如體現馬祖道一思想精髓的一句話：「平常心是道」，「平常」一詞本身即含有「自然」的意思，這亦是從自然中所證悟出的心靈境界，馬祖道一說：

> 欲直會其道，平常心是道。何謂平常心？無造作、無是非、無取捨、
> 無斷常、無凡無聖。經云：「非凡夫行，非聖賢行，是菩薩行。只今
> 行住坐臥，應機接物，盡是道。道即是法界，乃至河沙妙用，不出
> 法界」。〔註46〕

此處所說的「平常心」，並不是本能，而是開悟之後的本真狀態。一如山川草木自然之未經人工雕飾，乃是指自發性的、不做作的，如此則隨處皆可體驗本真之道，如龐蘊居士所歌詠：「神通並妙用，運水與擔柴」；無門慧開在《無門關》中解釋「平常心是道」時，引詩為證：「春有百花秋有月，夏有涼風冬有雪。若無閒事掛心頭，便是人間好時節。」所謂「閒事」指的是馬祖道一所說的「造作、是非、取捨、斷常、凡聖」等，如能不被這些「閒事」所束

〔註45〕 杜繼文，〈禪‧禪宗‧禪宗之禪〉，引自《禪學研究》第三輯，江西古籍出版社，1998年版，頁8。

〔註46〕 參見柳田聖山，《禪與中國》，北京三聯書店，1988年版，頁140。

縛，就是禪者的境界了。〔註47〕

　　「境」在唐代顯然已獲得極豐富的美學內涵，超越了「物」、「象」、「景」等字詞，如著名的唐詩僧皎然提出「取境」，寫入其《詩式》，皎然之貢獻在於指出「境」是從「象外」產生的，劉禹錫則直接提出「境生於象外」；〔註48〕呂溫則提出「造境」，唐代詩人王昌齡在其《詩格》就提到「詩有三境」：

　　　　一曰物境，二曰情境，三曰意境。

　　即含有「取境」與「造境」，對「境」做了基本的分類，王昌齡並有更深一層的論述，如「搜求於象，心入於境」、「目擊其物，便以心擊之，深穿其境」、「用意於古人之上，則天地之境，動焉可觀」，其所論基本上已為後來意境論者所本。

　　相對於印度佛教之止觀以不淨觀為主，中華佛土融入自然山川之美，號稱佛國淨土，心淨佛土淨，心靈在自然的境域中淨化獲得開悟，如支道林詩云：

　　　　寥朗心神瑩，含虛映自然。〔註49〕

心靈開闊疏朗，自然光明晶瑩，映照出自然之神性，進而提昇心靈的境界，如支道林詩中所云：

　　　　晞陽熙春圃，悠緬嘆時往；感物思所托，蕭條逸韻上。尚想天臺峻，
　　　　彷彿巖階仰；泠風灑西林，管瀨奏清響。宵崖育靈藹，神疏含潤長；
　　　　丹砂映翠瀨，芳芝曜五爽。苕苕重岫深，寥寥石室朗；中有尋化士，
　　　　外身解世網。〔註50〕

支道林藉著描述自然中清麗幽深的景色，吐露內心所體會到的情境，親證了自然中的真如佛以及自然的淨化作用。

　　憨山大師的山居詩描繪山水清音，忘情於山水之間，更證悟出山水主人：

　　　　閒從絕壑看雲起，坐倚千鋒聽鳥啼，不必更拈言外句，現前聲色是
　　　　全提。〔註51〕

　　　　日夜煙霞護翠微，相將猿鶴待忘機，青山莫道閒無主，自是閒人不

〔註47〕劉墨，《禪學與藝境》，河北教育出版社，2002年，頁53。
〔註48〕黃河濤，《禪與中國藝術精神的嬗變》，北京商務印書館，1994年版，頁101。
〔註49〕引文參見逯欽立輯校，《先秦漢魏晉南北朝詩》，北京中華書局，1984年版，頁1080。
〔註50〕引文參見逯欽立輯校，《先秦漢魏晉南北朝詩》，北京中華書局，1984年版，頁1080。
〔註51〕比丘道古輯，《緇林尺牘・高僧山居詩》，台北廣文出版社，1979年版，頁176。

肯歸。〔註52〕

禪詩人能得山水情，陶然共忘機，所見山色無非清淨身。禪詩人自是愛山才有居山之意：

> 青山自許容藏拙，火宅誰能爲救焚，翹首長空雙碧眼，不堪大地總
> 浮雲。〔註53〕

以青山能藏拙，乃「見山不是山」之意，能超越眼前景物，現諸法實相之第一義諦。〔註54〕

現代禪學大師鈴木大拙先生在論述〈禪與自然〉一文中提到：

> 這就是禪師們常問「如何是境？」的原因，這裡的「境」就是自然，
> 這個問題就是要找出自然如何影響他們，確切地說是禪師們內心如
> 何反應自然。〔註55〕

鈴木大拙直接指出正確地理解「境」〔註56〕這個字，對我們了解禪與自然的關係方面，有很大的助益。「境」是人的意識模式或架構或景況，他的一切都來於此，而一切外來的刺激也都含於此，個人的意識結構即是他的「境」，「境」呈現一個人的內心生活，乃是其精神境界。可見禪師並不以「自然」爲假象，若以「自然」爲假象，正是執著於「空性」的法執，這種全新的生命經驗無法以理性的說理來闡述，卻必須經由美學上的感悟而得。

本文對禪宗關於「境」之美學義蘊的理解，並不取徑於傳統的意境論，而是直接以禪宗的「不立文字」所彰顯回歸自然的趨向，與鈴木大拙從梵文語義的義涵中所概括出來的體認，再加上禪宗哲學的空觀，所造就出禪宗美學獨特的境界，此種境界正是本節「親證自然」之後所獲悟的。誠如宗白華在〈中國藝術意境之誕生〉一文中論述「禪境的表現」說：「禪是中國人接觸佛教大乘義後體認到自己心靈的深處而燦爛地發揮到哲學境界與藝術境界，靜穆的觀照和飛躍的生命構成藝術的兩元，也構成『禪』的心靈狀態」。正是禪宗哲學的思想

〔註52〕比丘道古輯，《緇林尺牘‧高僧山居詩》，台北廣文出版社，1979年版，頁182。
〔註53〕比丘道古輯，《緇林尺牘‧高僧山居詩》，台北廣文出版社，1979年版，頁176。
〔註54〕曉雲法師，《中國畫話》，台北原泉出版社，1988年版，頁91。
〔註55〕鈴木大拙，《禪風禪骨》，台北大鴻圖書公司，1992年版，頁300。
〔註56〕鈴木大拙認爲「沒有一個英文字可以確切地表達這一中國字的意義。『境』乃緣於梵語中的 Gocara 或 Vishaya 或 Gati，這三個梵語字的意義大致相同，都只可以產生任何活動的一種『領域』或『場地』。Gocara 的意義特別一些，指牛吃草和走動的草地。牛有吃草的草地，人則有內心生活的場地或領域。」參見鈴木大拙，《禪風禪骨》，台北大鴻圖書公司，1992年版，頁300。

高度觀照與禪宗美學所體會到生命的飛躍律動，促使禪之「境」的誕生。

「境」正是禪師們回歸自然之後所成就心靈的永恆流轉的居所，所謂「萬古長空，一朝風月」，正是解消時空意識之後所獲得的純粹現象，「境」正是禪親證自然之後所獲得的開悟狀態，不同於莊子所強調「天地與我並生，萬物與我為一」般的與自然之親和。(《莊子‧齊物論》)

如永明禪師詩云：「遇境偶吟情自逸，逢人話道意無偏。」而親證自然境遇，便覺意氣飛揚，天高地敞，見宇宙之無窮！而斜風、細雨、孤舟、月影、落雁、啼鴉等自然意象也成為詩人禪客吟詠的題材，藉此傳達出中國人對生命的感悟，自然成為中國人心靈的清涼地，千百年來已逐漸凝結成一種集體的意識。

親證自然境遇，除了靜默的觀照之外，更從自然日常生活中尋求體驗「動中之靜」，如宗白華所說的展現出「飛躍的生命」，便不是靜態的意境美，而是在「擔水劈柴」、「吃飯睡覺」等方式，如龐蘊居士所說的「神通並妙用，運水及搬柴」，使禪者在在日常生活中，達到自然凝神忘我的境界，甚至在禪師的教學上出現「棒喝」等身體式動作，來達道頓悟的目的。

禪宗另一種親證自然的方式，即是以自然喻象，來達到頓悟空性的目的。這種現象是因為禪宗對主體精神的強調，除了「外師造化」，還要「中得心源」，更要「以心造境」，〔註57〕如果禪只是一味地回歸自然，追求自然，則與道家無異，並且已經陷入著相之「邪見謗法」的危險境域之中，這在本文第四章第一節論「對法」作為頓教的方法論時將進一步說明，為了破除自然現象的執著、時空秩序與心理意識的習慣思維，常透過「對法」的原則將自然時空重組，創造出一種別出心裁、迥然天機的意象。如禪宗公案所常提到的「三冬花木秀，九夏雪雙飛」、「石上栽花，空中掛劍」、「無材猛燒火」、「紅爐焰上碧波流」、「黃河無滴水，華岳總平沉」、「雪埋夜月深三尺，陸地行舟萬里程」等等，這些成對的自然象喻打破人們的日常生活經驗，即是故意要消解人習以為常的心理意識，違反時空的規律，這不是來自中國思想傳統，而是源於般若空宗思想背景。〔註58〕

王維的畫《袁安臥雪圖》，把芭蕉畫在雪中，卻使時空錯位，意象是寫實

〔註57〕韓鵬杰，《禪宗美學思想初探》，引自《法藏文庫‧中國佛教學術論典‧56 碩博士學位論文》，高雄佛光山文教基金會，2002 年版，頁 358。

〔註58〕張節末，《禪宗美學》，浙江人民出版社，1999 年版，頁 20。

的，結構卻是喻象的，憑空脫出，這也是禪宗用來破除「我執」、「法執」等邊見的接引方法，充滿創新的精神。

第四章　禪宗哲學與禪宗美學

　　第二章概觀部分，分別簡論問題的緣起、禪宗美學的精神淵源與其基本性格。本章則進一步深入探討禪宗哲學對禪宗美學的影響，與此二者之間的關係。基本上，禪宗作爲教外別傳的宗派，不僅在中國佛教掀起了巨大的革命，也給中國傳統美學帶來極大的衝擊，逐漸形成中國美學新一波的主潮，旗幟鮮明，有別於傳統儒家、道家的美學觀，亦不同於以屈原爲代表的楚騷美學系統；禪宗美學作爲後起的美學主潮，除了接受到外來佛教作爲思想的主體之外，亦程度不同地融合儒家、道家及楚騷美學的精華，成爲具有中國美學特色的宗教美學系統。〔註1〕

　　作爲佛教宗派的禪宗，在思想史上的意義已超越了宗教的領域，對文學、藝術、哲學、美學等文化各個層面皆發生重大影響。本文所討論的主題是以美學爲重心，探討禪宗在哲學、文學、藝術等文化各層面影響的美學意義。

　　禪宗的最具代表性經典《六祖壇經》所呈現的，主要是對佛教具革命性的言論，與禪宗哲學的的基本方法，以提供信徒修持與解惑之參考，很少單獨討論美的問題，也沒有專門的篇章討論詩歌、音樂或藝術問題。因此在討論禪宗美學之前，必先釐清禪宗哲學的基本課題、主張與方法，與其所蘊含的美學思想。禪宗美學與禪宗哲學之間存在著共同的思想基礎，而在表達與關注的面向，稍有一些差異。禪宗哲學的思想核心與原則，基本上與禪宗美學的精神是一致的。但是如果僅憑少數關於美或藝術的個別字句，是無法眞

〔註1〕　李澤厚、劉綱紀，《中國美學史》（先秦兩漢編），安徽文藝出版社，1999年版，頁19。該書緒論把中國美學劃分爲四大思潮：儒家美學、道家美學、楚騷美學、禪宗美學。

正了解禪宗美學的。

因此了解禪宗哲學成為了解禪宗美學的重要關鍵之一，如同想了解莊子美學，必先弄清楚莊子哲學一樣。先釐清禪宗哲學的基本精神，及其與禪宗美學的內在聯結，這是本章的主要目的，以作為論文進一步發展的依據，逐步澄清禪的美學觀與審美感受，及其對藝術創作的看法與影響。

第一節　以悟入「眞如本性」為禪宗哲學的核心

禪法的修行，經過一段長時期的演變，各時期所關注的重點不同，修持的方式亦有變異，經過長時期的中印文化融合的過程，逐漸形成所謂「教外別傳」的中國禪宗傳統，尤其是以慧能南宗所開展出的「見性」禪法，更是以破除人心的虛妄執著，頓見人的眞如本性〔註2〕為其核心思想。

東漢末年，佛教東傳，大小乘的禪法也傳進了中國。如安息高僧安世高來華，翻譯了多部小乘禪經，並將禪定、禪觀與數息法結合，形成禪味十足的「止觀」學說，成為後來禪宗北派漸悟思想的源頭。〔註3〕此種小乘禪法，又受道家神仙思想、重視呼吸吐納的影響，禪與定的結合，強調以定攝禪，偏重形式的修持，發展出長坐不臥的修持方式。另外，與安世高同時代的大月氏高僧支婁迦讖，翻譯並倡導大乘禪法，側重於「本無」（性空）學說，為後來禪宗南派頓悟思想的源頭。〔註4〕

魏晉時期，玄學盛行，刺激了佛教般若學的勃興，禪學經過般若離言掃相的功夫洗禮，禪的重心便逐漸從修持形式轉向宇宙實相的證悟。

到了南北朝佛性論興起之後，宇宙實相與眾生自性趨向合一，自性自悟成為禪修的主要內容，形式上則傾向於隨緣而行。〔註5〕

最著名的如竺道生在其涅槃佛性論中提出「一切眾生悉有佛性」、「一闡提人皆得成佛」等觀點，糾正了般若性空論的偏激。尤其是竺道生「頓悟成

〔註2〕「眞如本性」正是「自性」的別名，在敦煌本《壇經》中，常以本性（姓）、本心、佛性（姓）、人性（姓）、自法性、眞如本性、自心、覺性、眞如淨性、淨性、性（姓）等講法來說明「自性」，請參見楊惠南，〈《壇經》中之「自性」意含〉一文，收在其專著《禪史與禪思》，台北東大圖書公司，1995 年版，頁 209～229。

〔註3〕梁鴻飛、趙耀飛，《中國隋唐五代宗教史》，北京人民出版社，1992 年，頁 100。

〔註4〕梁鴻飛、趙耀飛，《中國隋唐五代宗教史》，北京人民出版社，1992 年，頁 100。

〔註5〕洪修平、吳永和，《禪學與玄學》，浙江人民出版社，1992 年，頁 2。

佛」〔註6〕的主張，爲佛學中國化提供了重要的啓示，使佛學真正融入中國文化，成爲中國文化重要組成分子。

　　經過魏晉時期般若學與南北朝佛性論等佛學理論的相繼產生，爲禪學的進一步發展提供了理論依據。到了慧能便主張破除坐禪的形式，如《壇經》所記載慧能到廣州法性寺與印宗法師論所傳法時，開宗明義便道：「唯論見性，不論禪定解脫」，所謂「見性」即見自性。前面第一章提到，禪宗以自性爲美，但眾生常爲妄念浮雲遮蔽自性，如何「頓見真如本性」，如何明心見性，恢復清淨本心，「直指本心」便成了禪宗美學方法論探討的主要課題。

　　《壇經》裡一再提到：「自心自性真佛」、「萬法盡在自心，何不從自心中，頓見真如本性？」〔註7〕、「各自觀心，自見本性」，〔註8〕這些方法的歸趨都指向「自心自性」，重點則在於如何「觀心」？如何令自本性頓現？這就涉及到禪宗哲學的方法論問題。《壇經》裡提出了「無念、無相、無住」等修持法門，連續以三個「無」字否定式的語句，明顯而強烈表明用以掃除人心的虛妄執著，達到「頓見真如本性」的目的，使本心自性與經由本心自性所便現出來的心念萬相合而爲一，同樣是本性清淨的。以下分成三方面來論述禪宗哲學的核心思想及其對禪宗美學的影響。

一、悟入「真如本性」的本體論

　　佛教以緣起論作爲其解釋宇宙與人生現象的基本理論，細分之，又可分爲「業感緣起論」、「中道緣起論」、「自性緣起論」、「六大緣起論」、「真如緣起論」、「法界緣起論」等，禪宗慧能的思想則以「真如緣起論」爲其理論的核心。〔註9〕所謂「真如緣起」，正說明以「真如」爲「緣」而衍生出世間的一切，《壇經·定慧品》即提到「真如即是念之體，念即是真如之用」。〔註10〕

〔註6〕　一般以慧能繼承竺道生「頓悟說」而發揚光大，以「南頓北漸」的法門不同來區別南宗北宗。事實上，北宗並不否定頓悟，如神秀的《觀心論》：「超凡證聖，目擊非遙，悟在須史，何煩皓首?」可見頓悟說之深入人心，參見洪修平、吳永和，《禪學與玄學》，浙江人民出版社，1992 年，頁 13。

〔註7〕　丁福保，《六祖壇經箋註·般若品》，台南大千世界出版社，1984 年版，頁 46。

〔註8〕　同上，《壇經·般若品》，頁 47。

〔註9〕　吳平，《禪宗祖師——慧能》，江西人民出版社，1995 年版，頁 122。但慧能的「真如緣起論」亦不同於傳統強調心真如與心生滅的「真如緣起論」，而是重視自心的覺悟，重視個人當前活潑潑的現實之心，追求一種大徹大悟的心靈境界。

〔註10〕　宗寶本《壇經·定慧第四》，引見《大正藏》卷四八，頁 353，中。

《懺悔品》又說：「於自性中萬法皆現」，〔註11〕同樣強調於眞如自性中衍生出含藏著宇宙萬有。「眞如」乃萬物的本性，萬物的形相都是「假」，都是「執著虛妄」，正印證了《金剛經》所說的「凡所有相皆是虛妄」（〈如理實見分第五〉）。這種強調「眞如緣起」的實相觀，在審美境界的把握上，已不同於中國古代重視主客體的物我關係、追求泯除物我、物我合一的審美體驗，而是要捕捉一種超越外物外相的純粹直觀。這種「眞如緣起」的實相觀，也不同於西方所謂的「移情」作用，因爲「移情」說中之「我」，是一個充滿情緒、經驗與價值的「我」，而禪宗所強調的「眞如本性」，正是要去除這些情緒、經驗、價值的我執，如王維所謂的「審象于淨心」（《繡如意輪象贊》），就是以一種淨化而不染塵俗的審美心境，以獲得眞如永恆的人生境界，達到對此岸世界的超越。〔註12〕

面對傳統佛學對「眞如本體」的繁瑣解釋，慧能直接把「眞如」安置在現實人心上，試圖恢復人心的主體性，並盡量縮短自我意識的循環中主體與「本體」互相冥合的過程，心外別無「本體」，現實人心就成了「本體」。〔註13〕六祖慧能說：

> 菩提只向心中覓，何勞向外求玄？所說依此修行，西方只在目前。
>
> 〔註14〕
>
> 一切般若知，皆從自性而生，不從外入。〔註15〕
>
> 汝今當信佛知見，只汝自心，更無別佛。〔註16〕

這已經很明白地指出「心即是佛」，心的本體就是「眞如」，「心體」並不是現實人心的心理作用，如聞見知覺等作用，而是心自身。就如意識本身無法直接意識到本身，因爲意識到的只是意識的對象物，而非意識本身。唯有直下無心，破除對心與對佛的執著，「心體」才能自然呈現。〔註17〕

〔註11〕 宗寶本《壇經·懺悔第六》，引見《大正藏》卷四八，頁354，中。

〔註12〕 陳德禮，〈妙觀逸想：古代藝術家的審美體驗及其意義世界〉，《華中師範大學學報：人文社科版》，湖北武漢，1998年1月，頁114。

〔註13〕 梁鴻飛、趙耀飛，《中國隋唐五代宗教史》，北京人民出版社，1992年，頁102。

〔註14〕 宗寶本《壇經·疑問第三》，引見《大正藏》卷四八，頁352，下。

〔註15〕 宗寶本《壇經·般若第二》，引見《大正藏》卷四八，頁350，中。

〔註16〕 宗寶本《壇經·機緣第七》，引見《大正藏》卷四八，頁355，下。

〔註17〕 梁鴻飛、趙耀飛，《中國隋唐五代宗教史》，北京人民出版社，1992年，頁103。
作者認爲慧能的宗教革命，最重要的是以般若性空說來融會涅槃佛性論，確立了即心即佛、自在解脫的禪學基本理論，破除了對心和對佛的執著。

　　而禪宗哲學所強調本心的自證自悟，正好對於審美活動極具有啓發作用。審美活動的最重要特徵，正需要通過審美主體親自去欣賞、去感受、去把握，針對審美對象進行體驗活動。使禪宗美學所重視的審美體驗具有個人的獨特性、不可替代性、不可移易性。〔註18〕六祖慧能強調心即是佛，心體即眞如，成佛不再是追求超現實的佛性，而是對自心的澈悟。佛性就是人性，「佛向性中作，莫向身外求。」（《壇經·疑問品》），這種觀點無形中凸顯了自我意識的重要，而眾生與佛的差別，就在於「迷」與「覺」之間，「自性迷即眾生，自性覺即是佛」（《壇經·疑問品》）「迷來經累劫，悟則利那間」（《壇經·般若品》）。慧能所主張的「自性」乃是常清淨的，何以陷入迷霧之中？由於「妄念浮雲」覆蓋，而人「於外著境」，使這些妄念無明得以覆蓋眞如本性。相對來說，禪的美學所強調的即是此種自性覺的美，追求一種利那間開悟的境界，「眞如」、「佛性」存在於宇宙萬有之中，存在於人心的利那開悟之中。

　　總之，慧能禪宗本無意於建立特殊的本體論，只在說明心念與眞如本性的體用關係中呈現其獨特的自性本體論，完全肯定自性本淨的特性，賦予人性極大的信心，導致南禪開發出一系列的禪法如：「觸目菩提」、「平常心是道」等。

　　至於如何達到此種境界，六祖慧能《壇經》中，提供了一套「無念、無相、無住」的認識理論，幫助人們從執著無明煩惱的妄想中脫困而出。

二、「無念、無相、無住」的認識論

　　《壇經》提供了一套明心見性的方法，目的在去除人心的虛妄執著，頓見眞如本性，依《壇經》的說法：如「惠風吹散雲霧，萬象參羅，一時皆現」、「吹卻迷妄」、「除執心，通達無礙」、「去非心，打破煩惱碎」、「除邪心」等等，都是《壇經》反覆提到的觀念，目的都在明心見性，《壇經·定慧品》更進一步提出一套完整的「無念、無相、無住」的修行方法，〔註19〕使心胸無雜無染，以徹底去除妄念，求使「空性的頓現」。

〔註18〕劉方，〈大慧宗杲「妙悟」說的美學意蘊及影響〉，《學術界》雜誌，安徽合肥，1997 年 1 月，頁 87。

〔註19〕印順法師，《中國禪宗史》，頁 357。印順導師認爲：「『無相爲體，無住爲本，無念爲宗』，這是《壇經》所傳的修行法。」郭朋在其《壇經校釋》中也提醒所謂「三無」只是講的一種「修行法」，而不是慧能的「中心思想」，參見《壇經校釋》，頁 35。

（一）無念為宗

《金剛經》「應無所住而生其心」，到了六祖慧能身上成了「無念、不著、不取不捨」之修持法門。

1. 無　念

根據《六祖壇經》記載惠明向六祖求法：

> 慧能云：汝既爲法而來，可屏息諸緣，勿生一念，吾爲汝說。明良久，慧能云：不思善，不思惡，正與麼時，哪個是明上座本來面目？
> 惠明言下大悟⋯⋯曰：惠明雖在黃梅，實未省本來面目。今蒙指示，如人飲水，冷暖自知。〔註20〕（《壇經・行由品第一》）

此處尋求「本來面目」，就慧能指示，「不生一念」的用功法，包括過幾個步驟：

（1）屏息諸緣。

（2）勿生一念。

（3）不思善。

（4）不思惡。

正是要求摒除以往一切積習意識觀念，以求不落入因果循環的現象之中，才能恢復「本來面目」。故慧能進一步解釋：「無念者，於念而無念。」（《壇經・定慧品》）即是說明「念」的解脫之道，並不是萬念盡除，對任何事物都不想，而是要做到心與外境接觸時，不受外境任何影響，能維持單純的眞如本性。關於心念與「眞如本性」的關係，在敦煌本《壇經》中也提到：

> 眞如是念之體，念是眞如之用。姓（性）起念，雖即見聞覺之（知），不染萬鏡（境），而常自在。〔註21〕

正說明了眞如本性是清淨的，而由眞如本性所轉化出來的「心念」，儘管受到外境的染污，其本性也是清淨的。楊惠南教授認爲這是《壇經》賦予「自性」以新的含義，他說：

> 在《壇經》中，不但生起心念的「自性」是本性清淨的，而且，由「自性」所轉變出來的心念，儘管有善、惡之分，但也是本性清淨的。〔註22〕

〔註20〕宗寶本《壇經・行由第一》，引見《大正藏》卷四八，頁349，中。

〔註21〕敦煌本《壇經》，引見《大正藏》卷四八，頁338，下。

〔註22〕楊惠南，《禪史與禪思》，台北東大圖書公司，1995年版，頁221。

楊先生認為這一新義，推衍出《壇經》，甚至慧能後的整個「南禪」的重要修行法門，也是《壇經》中最重要的思想。所謂「於念而無念」，正是肯定心念的現實存在性而由此下功夫，能不離自性，不為心念所轉。眾生之念與見等同於佛之見與念，其間重要的分別在於佛能「於念而無念」，眾生不能時時達到此境界，故六祖慧能說：

> 智慧常現，不離自性。悟此法者，即是無念。〔註23〕

即以「無念」作為真如本心之真實狀態，而如何做到「無念」呢？

2. 不　著

六祖慧能說：

> 若見一切法，心不染著，是為無念。用即遍一切處，亦不著一切處。但淨本心。〔註24〕

重要的是能「見一切法」、「遍一切處」之後，還能「不著一切法」、「不著一切處」，才是無念之真境界。敦煌本《壇經》說的更清楚：

> 何名無念？無念法者，見一切法，不著一切法；遍一切處，不著一切處。常淨自性，使六賊從六門中走出。於六塵中不離、不染，來去自由，即是般若，自在解脫，名無念行。莫百物不思，當令念絕，即是法縛，即名邊見。〔註25〕

警告我們不可「百物不思」或者使「念絕」，都是「法縛」及「邊見」。這是《壇經》極重要的觀念，也使《壇經》不同於強調「真心坐不動」、「除妄不起心」的禪法，更進而不重視傳統的打坐功夫。

3. 不取不捨

六祖慧能說：

> 於一切法，不取不捨，即是見性成佛道。〔註26〕

「不取不捨」即不著、不住，乃無相可得，在外無相，在內則無念，故知「無念者」，最重要在於「於念而無念」。〔註27〕《壇經·定慧品》記載著慧能所說：

> 于諸境上心不染曰無念，於自念上常離諸境，不於境上生心。〔註28〕

〔註23〕宗寶本《壇經·般若第二》，引見《大正藏》卷四八，頁350，下。
〔註24〕宗寶本《壇經·般若第二》，引見《大正藏》卷四八，頁351，上。
〔註25〕敦煌本《壇經》，引見《大正藏》卷四八，頁340，下。
〔註26〕宗寶本《壇經·般若第二》，引見《大正藏》卷四八，頁350，下。
〔註27〕宗寶本《壇經·定慧第四》，引見《大正藏》卷四八，頁353，上。
〔註28〕宗寶本《壇經·定慧第四》，引見《大正藏》卷四八，頁353，上。

更進一步釐清認識主體與認識客體之間的互動關係，說明認識主體不受外在客體之境的影響；相對地，如果「於境上有念，念上便起邪見，一切塵勞妄想，從此而生」(《壇經・定慧品》)，要求以心念心，完全捨去一切概念、判斷、推理等思維活動，進而推導出「無相」、「無住」等相輔相成的法門。

（二）無相為體

慧能的「直指本心」，強調的是對人心的虛妄執著的否定，如「菩提本無樹，明鏡亦非台」對「身如菩提樹，心如明鏡台」的否定，大千世界不過是「心」執著虛妄的產物，透過否定的思維來達到解脫人生的目的。如同慧能對兩位僧人為風動或幡動而爭論不止時，慧能指出：「不是風動，不是幡動，仁者心動。」(《壇經・行由品》)要求不執著於外相，保持本心的虛空虛靜，達到「於相而離相」的境界。

慧能在《壇經》中對「無相為體」的解說如下：

無相者，於相而離相。〔註29〕

善知識，外離一切相，名為無相。能離於相，則法體清淨是。此是以無相為體。〔註30〕

所謂「法體清靜」，說明離相之後，無雜染自由自在所獲得的解脫境界。《壇經・機緣品》指出：「成一切相即心，離一切相即佛」，所有相都是人心所造，人心能造一切相，同理，人心亦能離一切相。因此，人心若為外境所縛，追求聲色形味，心念著相，為相所驅馳，必生無限煩惱，如慧能所說「前念著境即煩惱，後念離境即菩提。」故必須配合以下「無住」的法門。

（三）無住為本

依慧能觀點，無論本體或現象，大千世界一切現象都是自心妄起的產物，只有自心自性才是真實的。現實的人心是念念不住的，所以慧能說：

無住者，人之本性。於世間善惡好醜，乃至冤之與親，言語觸刺欺爭之時，並將為空，不思酬害。〔註31〕

佛教以萬法無常，萬相如幻，心如果停滯於萬法，即被「繫縛」，但如果一念斷絕，亦是「法縛」，想達到「於念無念」、「於相離相」，則必須以「無住」

〔註29〕敦煌本《壇經》，引見《大正藏》卷四八，頁338，下。
〔註30〕敦煌本《壇經》，引見《大正藏》卷四八，頁338，下。
〔註31〕宗寶本《壇經》，引見《大正藏》卷四八，頁353，上。

為本，廓清所有的執著妄念。此處提到「世間善惡好醜，乃至冤之與親，言語觸刺欺爭之時」，直接點出美學上的美醜、好惡、冤親，甚至言語上的衝突，終歸「並將為空，不思酬害」。根據「無住」的原則，美學上的美醜等相對的價值意義，都將提昇至本體意義上，如《壇經》上所說：

> 念念不住，前念今念後念，念念相續，無有斷絕。若一念斷絕，法
> 身即離色身。念念時中，於一切法上無住。一念若住，念念即住，
> 即名繫縛。（敦煌本《壇經》第十七節）〔註32〕

慧能批評了神秀北宗凝神靜坐的禪法，反對如死灰枯木般的不動心念，反而以心念活動為「人之本性」。強調「若一念斷絕，法身即離色身」，是障道因緣，在敦煌本《壇經》提出強烈的批評：

> 迷人著法相，執一行三昧，真心座（坐）不動、除妄不起心，即是
> 一行三昧。若如是，此法同無清（情），卻是障道因緣。道順通流，
> 何以卻滯？心不住在即通流，住即被縛。〔註33〕

慧能於此明確指出「真心坐不動」與「除妄不起心」的傳統禪法，是把人視同無情一般看待，都是「障道因緣」，因此要求：

> 於諸法上，念念不住，即無縛也。以無住為本。〔註34〕

「無縛」即脫去枷鎖，念念相續不斷，過而不留，如雁過長空，不留痕跡，不被繫縛，活潑潑地自由自在地運用於日常生活之中，故以「無住」為本。「無住」當是「空性在現象中的感性頓現」過程中最佳的體相寫照，在《壇經》上也提到經由不住相所達到的「一相三昧」境界：

> 若於一切處而不住相，於彼相中不生憎愛，亦無取捨，不念利益成
> 壞等事，安閒恬靜，虛融澹泊，此名一相三昧。〔註35〕

到達這種境界，才能不為物所限制拘束，不陷於利害成壞的憎愛之中，保持自由自在毫不沾滯的狀態，但又貴能不捨棄世間事物，在「一相三昧」中起作用，達到「安閒恬靜，虛融澹泊」的無住境界。

　　此「無念、無相、無住」乃慧能相弟子開示的修行法門，三者互為一整體，構成慧能思想中的認識系統。以「無念」作為修行宗旨，以「無相」為

〔註32〕敦煌本《壇經》，引見《大正藏》卷四八，頁338，下。
〔註33〕敦煌本《壇經》，引見《大正藏》卷四八，頁338，中。
〔註34〕敦煌本《壇經》，引見《大正藏》卷四八，頁338，下。
〔註35〕宗寶本《壇經》，引見《大正藏》卷四八，頁361，上－中。

修行本體，「無住」為修行根本，三者缺一不可，如此才眞正去除人心的執著虛妄，透顯出眞如本性。經過「無相」、「無住」功夫之後的「無念」境界，眞如本性自然顯現，可以超脫於任何時間空間之外，不執著於任何現象，於現象中呈現眞如，行、住、坐、臥之中現眞如，也由於此「無念」禪法的提倡，南禪開拓出一條在日常生活中悟道成佛的新道路。〔註36〕

禪宗的自性美亦必須經過這些程序而自然呈現，所有具備禪的自性美的作品，無不呈現清淨的眞如本性，達到一種禪宗式的「淨化」作用。禪所強調的自性美不為現象界所限、所縛，而能一切現象中，展現出禪的風格，重視個體的主觀能動力。而此「無念、無相、無住」修行法門，構成慧能思想中的認識系統，三者互為一整體，如何影響到禪美學風格的形成與創作上的實踐呢？試以蘇東坡評王維的詩畫為例，東坡稱王維「詩中有畫」、「畫中有詩」，李澤厚先生認為前者「正是這種凝凍，即所謂『凝神於景』、『心入於境』，心靈與自然合為一體，在自然中得到了停歇，心似乎消失了，只有大自然的紛爛美麗，景色如畫。後者則是這種超越，即所謂『超然心悟』、『象外之象』，紛繁流走的自然景色展示的，卻是永恆不朽的本體存在，即那充滿著情感又似乎沒有任何情感的本體的詩」，〔註37〕這正是典型的「無心」、「無念」、「無相」、「無住」與自然合一的禪意，發展出「對境無心」的審美要求與「虛無恬淡」、「任運隨緣」的美學風格。這種參透本體的感性覺知，直接豐富了中國人的心理結構與審美意識，也成為禪美學最重要的審美方法論。

禪宗作為宗教型態興起的文化現象，從其整體的哲學世界觀的形成，逐步滲透到美學思維，影響到禪宗的審美心理，最後落實到藝術創作經驗。因此禪宗美學的研究，不能單從藝術創造與藝術品去概括出審美心理與審美規律，必須先掌握禪宗哲學與禪宗美學的基本精神，進而才能更深刻地了解禪宗藝術內在深刻的意義與價值。〔註38〕尤其是佛教的傳入中國之後，產出許多獨特的哲學術語，如「色」、「空」、「境」、「般若」、「眞如」等等新觀念，造成對中國傳統的哲學與美學的突破，重新塑造中國人對事物獲得全新的感

〔註36〕吳平，《禪宗祖師——慧能》，江西人民出版社，1995年版，頁134。
〔註37〕李澤厚，《華夏美學》，台北時報文化公司，1989年版，頁183。
〔註38〕張節末，《禪宗美學·引論》，浙江人民出版社，1999年版，頁15。張節末先生認為禪宗美學研究的方法必然是全局的和逆向的（對藝術而言），這也是中國文藝理論批評史不能代替美學史、文藝學不能代替美學的重要原因。

受與深刻的體會。

三、以「三十六對法」作爲禪教的方法論

「對法」乃慧能臨終前最重要的說法，以保證傳法過程能「不失本宗」，敦煌本《壇經》即詳細記載此事：

> 吾教汝說法不失本宗，舉科法門，動三十六對，出沒即離兩邊，說
> 一切法莫離於性相。若有人問法，出語盡雙，皆取法對，來去相因，
> 究竟二法盡除，更無去處。〔註39〕

「對法」強調的是相對爲用，才不會落入邊見，如果單獨對待與言說，就可能產生邊見和執著，即「著相」，六祖慧能說：

> 著相惟邪見謗法〔註40〕

「著相」與慧能所主張的「無相爲體」的法門正相違背，故六祖慧能於臨終前特立此三十六對之對法，作爲預防弟子傳法弊端之產生，凡是遇到「若有人問法」，則「出語盡雙，皆取對法，來去相因，究竟二法盡除，更無去處」，〔註41〕慧能並舉明暗爲例：

> 暗不自暗，以明故暗，明不自明，以暗故明。以明顯暗，以暗現明，
> 來去相因，成中道義。〔註42〕

即是通過「明」與「暗」兩相的對舉，說明相的不自存與虛妄性，即《壇經》所稱的「即相而離相」，這種「即相而離相」的方法論，運用三十六對法，目的在舉出成雙成對的相，於相而離相，以突顯相之矛盾以破相，即相而獲得頓悟，這種頓教的方法在禪宗美學上影響極大，使禪宗不走向極端的唯心主義，能在親和自然無窮的色相上，頓悟到「休歇處」而不執著於兩端，無論是「外境無情對」、「言語與法相對」或「自性起用對」，自然、語言文字以及性相心法，都是兩兩對舉爲用，一切性相一霎時都成了「頓悟」的基礎，產生許多著名的命題，如六祖慧能所說的「煩惱即是菩提」、後來百丈懷海提出「一切色是佛色，一切聲是佛聲」、宋朝蘇東坡「溪聲盡是廣長舌，山色無非清淨身」等都深刻影響到禪宗美學的建立與發展。

〔註39〕敦煌本《壇經》，引見《大正藏》卷四八，頁343，中。
〔註40〕敦煌本《壇經》，引見《大正藏》卷四八，頁343，下。
〔註41〕敦煌本《壇經》，引見《大正藏》卷四八，頁343，中。
〔註42〕郭朋，《壇經校釋》，北京中華書局，1997年，第六刷，頁96。

第二節 「不立文字」與禪的終極關懷

經由第一節所論述禪宗的自性本體論思想與「無念、無住、無相」的認識論基礎相結合，並運用「三十六對法」的方法論，創造出禪宗獨一無二的自性美學思想，在佛學教理上的主張更是以「不立文字」而著稱，本節即以禪所主張的「不立文字」為主題，深入發掘禪所主張「不立文字」的理論基礎及其內在深刻含義，由此透顯出禪宗自性美學的特色。

李澤厚先生在《華夏美學》中說：「佛學禪宗的化出，加強了中國文化的形上性格」，〔註43〕認為佛教禪宗對中國知識份子真正重大的影響，乃在思想上、情感上與心理結構上提供了超越的形上追求。張節末先生在其近著《禪宗美學》引論中，更認為這是禪宗對中國美學傳統的突破，〔註44〕促使自然與人文的心靈化，成就了禪全新的意境美學。

這種重視意境的禪宗美學，從唐宋時期的高度發展，歷經明清近代的極盛而衰，反而是東傳到了日本，得以發揚光大，成為當今世界文化的顯學之一，受到歐美人士的重視，尤其是關心人類未來文化的發展，禪的文化美學似乎成為東西文化溝通的重要橋樑之一，禪的美學精神深深地影響到現代西方藝術的發展，面對這種有趣而令人驚奇的文化現象，文化學界應重新審視這個發源於中國〔註45〕、融合中國儒釋道最優美精巧的心靈，由此發掘出的文化寶藏，或許可以提供未來中國文化新生的一些訊息。

這裡沿用史作檉先生「形上美學」一詞，說明禪美學並不是一味地追求「清」、「空」、「淡雅」或「和、靜、清、寂」回歸自然的意境，只圖享有那種片刻永恆的意境美，實際上其背後仍蘊藏著宗教學與文化學意義上的終極關

〔註43〕 李澤厚，《華夏美學》，台北時報文化公司，1989年版，頁178。

〔註44〕 張節末，《禪宗美學》，浙江人民出版社，1999年版，頁4。張節末先生認為：「佛教藝術在中國藝術史上造成了非常大的影響，但若要論到以新的美學境界推進中國人尤其是士階層的高級精神生活，佛教中具此大能力的大概只有禪宗。這就是禪宗的美學突破。」

〔註45〕 胡適、鈴木大拙等，《禪宗的歷史與文化》，〈禪：敬答胡適博士〉，台北新潮社文化公司，頁89，1991年版。鈴木大拙曾試圖解釋禪起源於中國，不可能起源於任何其他地方，禪只有在中國的土地，才得以如此繁茂，而能在道德、知性與精神上發揮如此大的影響的具體原因，他說：「中國人是一個特別注重實際的民族。」這個原因似乎有點牽強，值得進一步探討，如果鈴木大拙能深入研究中國哲學思想的源流與發展，定能發揮出更精微的義理說明，但這又受限於作為世界禪者的角色扮演，太過於重視實修體驗，與胡適的研究精神成對比。

懷，希望時時回歸人類文化的創造根源，隨時汲取文化新生的活力，希望徹底解決人類生存與生活的危機。「形上美學」是史作檉先生總結他一生的哲學活動所提出的一個終極關懷，他把全人類文化視爲一種整體的存在現象，乃是美學的創作，而語言文字與藝術乃是各種文化文明的表達與展現，如何尋求全人類共同的表達，尋求文明開創的根源，是他研究的重點，但是他所提出的「拼音文字」表達與「象形圖形文字」表達的區分，仍不夠徹底，仍是執著於文明表達的探索，因爲一涉及文明表達方式，就已形成文明發展的方向與性格，這是文化多元發展的起始點，但對於文化交流與溝通，卻造成後天人爲的阻礙，而禪的主張「不立文字」，解消人爲表達方式，解構人造的世界，以達到回歸天地境界，正好可以補足這一點，可以作全人類文明創造共同的根源，而一切文化藝術宗教文學亦從這裡發源。因此從人類文化發展的觀點來看禪宗的「不立文字」，不單純只是語言文字的問題，實具有美學的象徵意義。

　　而李澤厚先生所謂的「超越的形上追求」，只說出他對「禪」的感性理解與禪的風格，〔註46〕並沒有具體提供禪在「形上追求」上任何理論線索，這使本文進行時必須另外尋求理論的建構，以及禪思想、禪意境美的前提。

　　本文嘗試對此禪美學的形上追求，經由兩則禪宗公案的啓示，進行根源性的理論探討，禪究竟如何達到自然與人文的心靈化，如何把佛教空觀的形上精神貫注於其美感經驗之中，其過程、方法與主張，對中國文化都造成極深刻的影響。

　　首先，從禪最著名的主張「不立文字」著手，依禪宗的典籍中的說法，又有「不執文字」、「不落名言」、「不落唇吻」、「不涉言詮」、「不立義解」或南岳懷讓禪師「說似一物便不中」等說法，〔註47〕一般以「不依賴文字」、「不重視文字經典」或「語言文字的侷限性」來理解，但事實上禪宗仍重視經典與文字，如《金剛經》、《六祖壇經》等經典，所創造文字也很多，如眾多的公案及語錄，以禪入詩或禪教合一的文字禪，這些現象與禪的「不立文字」不是很相稱，甚至自相矛盾。

一、慧可求安心

　　本文先以一則著名的禪宗公案「慧可求安心」，提揭「心」的問題，乃是

〔註46〕李澤厚，《華夏美學》，台北時報文化公司，1989 年版，頁 178。
〔註47〕于谷，《禪宗語言和文獻》，江西人民出版社，1996 年版，頁 2～3。

禪最基本、也是最終極的關注所在，指出「不立文字」作爲論述禪的形上美學理論之預設；通過另一則「見山是山」的公案，強調禪美學的形上性格，運用其獨特的辯證模式，專注於對超越的本體之追求，與其參透本體之後，所呈現的盎然禪意與擺脫因果輪迴的形上境界。

　　根據禪宗最著名的公案引出禪的辯證線索，二祖慧可到達摩處，請求「安心」之法，達摩回答：「將心來，與汝安」，慧可言下大悟，發現「覓心了不可得」，一方面因爲他拿不出一個實體的「心」，另一方面，他了解到以前他心的不安，是因爲他把「心」安排寄託在外在種種條件上，等到他頓悟了，才知道心之安與樂，是不需要任何外在條件的時候，心就自然安了。達摩看到慧可有所悟，才說：「於汝安心竟」。

　　這則公案凸顯了兩個問題：

　　第一個問題「心是什麼？」

　　第二個問題「如何求安心？」

　　此處針對第一個問題，達摩更徹底地提出「將心來」的問題，終於逼出慧可「覓心了不可得」的答案，既找不出一個具體實在的「心」，只留下一徒具文字形式的「心」的概念，禪宗一反柏拉圖的「理型論」，也不同於孔孟儒家之重視「知言養氣」、「言爲心聲」，認爲造成「心」的各種幻相執著，莫過於「語言道」，「心行」正是透過「語言道」，「語言道」構築了「心行」運作下的龐大精神世界，禪的「不立文字」，〔註48〕主要功能在透過「語言道斷」，一掃所有的理性分析認識，達到「心行處滅」的目的，透視出人造精神世界的空幻性，證實了其「無心」的主張，這正是慧能在《壇經》中所要求達到的「無念」、「無住」境界的具體實踐。

　　第二個問題，慧可經過此種「心不安」、求心、覓心與「覓心了不可得」的過程，由「否定」進至「否定之否定」，逐漸澄明，正突顯出眞實自我意識的回歸，佛經上常言「不思議」、「不可思議」，正是要破除各種邏輯理性思維的名相，以達到純粹觀照的境界。

　　慧可曾針對這種「心行語言道」的幻滅相指出：

〔註48〕一般以「不立文字」是指不要執著於經典文字，或不以經典爲教，但明顯可見的，禪宗亦有其推崇的經典，如《楞伽經》、《金剛經》、《壇經》等，甚且影響後世，公案語錄大爲風行，難以自圓其說，本文則嘗試從另一角度申論之。

　　　　學人依文字語言為道者，如風中燈，不能破暗，焰焰謝滅。〔註49〕
以「風中燈」為譬喻，形象地指出語言文字所指攝的只能是斷續危疑不全的
殘相，無法照見心體的全體大用，必須歷經建立形上心體的過程，不再依附
於外在文字，這整個過程類似於後文所提及「見山是山」公案中的「得個休
歇處」，此「形上心體」已是一種開悟狀態，孤離於具體時空背景之外，成為
觀者的純粹心相，也是所有觀者共同的形上觀照。

　　　　達摩大師在嵩山少林寺面壁九年的「凝住壁觀」，以求達到「內絕諸念，
外息諸相」的境界，不受外境的入侵，而動搖了內心的定靜。〔註50〕達摩的
「壁觀安心」，到了慧可提倡淨坐安心，亦主張摒除語言，因為語言正巧是人
心住世最頑強的憑藉，也違反了慧能「無住」的主張。這種傳承隱約使我們
可以感受到一些「不立文字」的氣息，其目的都在「捨偽歸真」，顯示出其追
求宇宙真相的決心，其最終思想歸趨都指向清淨的真如本心，回歸自性。

　　　　禪的形上追求的道路，一開始便獨闢蹊徑，改造了印度佛學「以知滅知
的理性主義，變換成佛學直覺主義」，〔註51〕形成美學的轉向。

　　　　從此，禪掙脫了理性的枷鎖，尋求回歸不被污染的本真狀態，進行感性
的本質直觀，才能還天地萬物以本來面目，禪的參悟者才活潑潑地獲得真正
的自由，如所謂的「解脫」。

二、「不立文字」——禪宗的美學轉向

　　　　對於「語言文字」的問題，一直是佛學所重視的，尤其是中國禪宗更是標
明「不立文字」作為立宗的主旨之一，如果追根究底地探討，可以發現禪宗「不
立文字」的主張已經超乎「語言文字」的層面，「語言文字」似乎成為一種隱喻，
象徵人類精神文明的創造物，實質上，「不立文字」背後隱藏著一套形上本體的
現象觀，人造世界重新融入天地自然，在剎那生滅的現象中，體現形上實體的
永恆存在，這個實體是現象與本體的合一，或者說即現象即本體，如禪宗所說
的「明心見性」、「作用見性」，直接說明宇宙天地不息不已的永恆流轉。

　　　　關於宇宙天地萬物的真相，莊子曾說：

〔註49〕《楞伽師資記》，卷一。
〔註50〕宗密在《禪源諸詮集都序》卷三中提到：「達摩以壁觀教人安心，外止諸緣，
　　　　內心無揣；心如牆壁，可以入道。」
〔註51〕劉小楓，《逍遙與拯救》，台北風雲時代出版社，1990年版，頁14。

萬物盡然，而以是相蘊。(《莊子‧齊物論》)〔註 52〕

說明天地萬物只是一「然」，只是一「如是」，乃刻刻遷流變滅現象的如實呈現。而《三論玄義》則直接指出：

諸法實相，言亡慮絕。〔註 53〕

任何語言文字的指稱言詮，都是人心之獨造，希企在人造精神世界之中，顯出恆常堅久的特質，這正是「諸法實相」之背反，因而成為首先必須破除的障礙。《仁王經》指出：

心行處滅，言語道斷，同真際，等法性。〔註 54〕

這些說明與禪宗的「不立文字」，正是同一精神意趣，三祖僧璨在其《信心銘》提倡「信心不二，不二信心，言語道斷，非去來今」，〔註 55〕更是把「心」視為唯一真實絕對之物，直接擺脫「語言道」的束縛，求能達到名相全遺，使思量了別脫去羈絆，顯現所謂「自性清淨心」，這才是人心最初始的原點、最真實無污染的狀態，也打開了人心的天地境界，此種清淨心的天地境界，唯識稱之為「阿賴耶識」，即《壇經》所強調的「自性」，此種形上心體的境界，六祖慧能在《壇經》裡指出：

於一切法不取不捨，即見性成佛。〔註 56〕

此「不取不捨」即是「不著」的功夫，不著於任何名相，以求達到「無念、無相、無住」的最徹底的境界。

禪宗掌握到人心當下的直覺，希望「言語道斷，心行處滅」，要求擺脫人造世界的幻相枷鎖，認為即所謂根本的「執著」或「染污」，要求回歸「清淨心」，這是掃盡語言文字思辨，轉向純粹觀照，轉向現實人生的實事實理，求在感性現象中頓現空性，由知性感性悟性中所建立的新唯心論，也是一種新感性。這一大膽的主張，使人心一下子從人造世界回歸到天地境界，此天地是無常不住、刻刻遷流變滅的，此乃大乘實相，莊子曰「然」，佛經上稱之為「如如」的「真空實相」。

禪宗所重視的《楞伽經》即對語言文字作追根究底的探討，卷二中提到：

〔註 52〕錢穆，《莊子纂箋》，台北東大圖書公司，1986 年版，頁 21。

〔註 53〕吉藏，《三論玄義》，大正藏第 45 冊，No.1852，頁 7b。

〔註 54〕唐‧不空譯，《仁王護國般若波羅密多經‧觀如來品》第二卷，大正藏第八冊，No.246，頁 836b。

〔註 55〕《景德傳燈錄》，卷三十。

〔註 56〕丁福保，《六祖壇經箋註‧般若品》，台南大千世界出版社，1984 年版，頁 41。

> 第一義者，是聖樂處，因言而入，非即是言。第一義者是聖智內自
> 證境，非語言分別智境。言語分別不能顯示。大慧，言語者起滅動
> 搖展轉因緣生。若展轉緣生，於第一義不能顯示。〔註57〕

直陳文字言說非究竟之第一義，到慧能《壇經》亦持「諸佛妙理，非關文字」
的說法，這都是大乘性空思想的基本主張。

　　禪美學的首先面對的問題，乃針對人類文明的表達方式，作一徹底的檢討
與省思。人類所有可能的表達，如文字前的聲音表達與圖形表達，到文字發明
後的象形文字與拼音文字等，經過這種種的文明創造與表達，莫不沾染上色彩
與花樣，即陷入某種隔閡與侷限，而各自發展出一套獨特的文化系統，使人心
立刻有所執著，無法回返於真自然之存在，如《老子》所說「道可道，非常道；
名可名，非常名」，〔註58〕唯有如「嬰兒」之無文字與藝術之超文字，較能單純
地回返於人類文明原創性的根源，〔註59〕禪宗參透了唯有「空無所有的心境」，
〔註60〕才不會把心和心阻隔了，是廣大會通的，甚至要追溯到父母未生以前的
本來面目，因為這便是文化創生的根源，也是文學藝術宗教萌芽的溫床。

　　進一步申言之，禪宗依尋此條路徑所主張的「不立文字」，即是參透了文
字符號的制約與侷限，要求擺脫文明文字所造成的幻相，返於太古，恢復人
類原始空靈超脫的文明創造力。禪對人類文明所進行的根源性的省思，所謂
「直指人心」，一開始便針對人類的內心精神世界著眼，其關鍵點即在於形成
人類內心精神世界的主要泉源──「語言、文字」，接續發展出認識、記憶與
思想等作用，逐漸形成人類的精神世界。禪的方法正是要打破此不實的人造
世界與人心的種種幻相，回歸宇宙的實相。而「語言文字」便是這形成「心」
的諸多外在決定性條件之一，因為「語言文字」的指攝，在人類的意識上逐
漸形成精神性的「心」，經過歷史文化的演進，「心」的功能日漸擴大，從「個
體心」擴大為「歷史心」、「文化心」，從名稱言辯的符號功能，發展成理性認
知的推理，進而擴展成可以認知一切人類生命經驗與宇宙自然知識的功能。
禪質問這一切的真實性？

〔註57〕　《楞伽經》，高雄佛光出版社，1996 年版，頁 124。
〔註58〕　《老子》一方面透視了此種限制，而有「返樸」的主張，希望能如「嬰兒之
　　　　未孩」，另一方則透露了「執大象」的野心。
〔註59〕　史作檉，《藝術的終極關懷在那裡?》，台北水瓶世紀文化公司，2001 年版，頁
　　　　390。
〔註60〕　錢穆，《湖上閒思錄》，台北東大圖書公司，1988 年三版，頁 25。

　　禪通過「不立文字」，以達到言斷心滅，探究「心」的眞正實相，這是重般若的「掃相」功夫，乃建立「心體」形上意義的初步工作，目標在突顯人生中各種沈重的空幻相，正如曹洞宗的開山祖師洞山良價所說的：

　　　　一大藏教，只是個「之」字。《洞山語錄》）

象徵性地指出全部的佛教經典就像「之」字形狀地纏繞，使人迷陷於語言文字、概念分析思辯之中，無法超拔其中，出乎其外，直接領悟禪的眞諦，而正是六祖慧能告訴尼無盡藏者，所謂「諸佛妙理，非關文字」的基本精神。〔註61〕

　　基於以上對人類語言文字限制的理解，禪的「不立文字」，正是要求超越世俗認識與經驗，要求破除人們習以爲常的分析、對立的眼光，由此擺脫現實中束縛人類精神心理的諸多煩惱，而這些煩惱正是使人們目光短淺、思想僵化的主因，禪宗發現唯有透過「不立文字」等澈悟的方式，才能使人們洞察到自己的本來面目，獲得嶄新的視野，才能隨時回歸天地自然無負擔的清新自在，唯有經歷這個過程，才能瞭解禪者所澈悟的「自性」思想，完全孤離於時空背景，禪者自由活潑的心才眞正開啓而獲得純粹觀照，進入開悟的境界，因此可說「不立文字」的第一教義，正是「無念」、「無相」、「無住」禪法的直接實踐。禪的自性美學便是由此尋求文化新生的契機，這是最根源性、最具普遍性的所在，一切人文發展都可在此得到溝通對話。

　　以下引用另一則「見山是山」的公案爲例，應用上述理論，說明禪建立自性美學的內在理路。

三、見山只是山

　　青源惟信禪師最著名的一段語錄提到：

　　　　老僧三十年前未參禪時，見山是山，見水是水；及至後來親見知識，
　　　　有個入處，見山不是山，見水不是水；而今得個休歇處，依然見山
　　　　只是山，見水只是水。〔註62〕

老僧的參禪分三個層次：

　　第一層，未參禪時，泥於俗見。

　　第二層，參禪有日，悟出諸法皆空的眞諦，觀察到「見山不是山，見水

〔註61〕《五燈會元》卷一。
〔註62〕《五燈會元》卷十七《青原惟信禪師》。

不是水」的差異，但又落入「空」義的執著。

　　第三層，經過否定的否定，不斷地辯證，否定了語言文字的指涉，抽去觀照知見的內容，「由外在、他在而回復到自在」，〔註63〕即慧能所主張的「無住」、「無相」，而獲得的絕對自由。

　　基本上，禪的思維進程是「否定之否定」的辯證，起初，「山」只是作為外在客觀，與觀者分離的認知對象；參禪以後，加入主觀親證，呈現「見山不是山」的諸多分析法執，這是「否定」，如神秀的偈「身如菩提樹，心如明鏡臺，時時勤拂拭，勿使惹塵埃」；最終，覺悟後的成就而能「得個休歇處」，〔註64〕達到「否定之否定」，如慧能的偈「菩提本無樹，明鏡亦非臺，本來無一物，何處惹塵埃」，這是純粹直觀無內容的絕對心相，超脫於一切時空具象，呈現出「自性」本體的本相，「見山只是山」意味著回歸於自然山水中，親證解脫。

　　第一層是三十年前未參禪時的「見山是山」，這是從嬰兒、少年而青年期多年的習染所構識的「山」，這「山」可以是孔子的「仁者樂山，智者樂水」，欣賞山的厚重、寧靜等德性象徵，或莊子「山林歟！皋壤歟！使我欣欣然而樂焉」，親和於自然，陶醉於自然山林的歡欣趣味。

　　這是一種呈現對象性思維的肯定陳述，「山水」乃作為觀者的認知對象的客觀實體，引發觀者進行分析性的認知活動與特殊的美感經驗。無論任何一種語言文字所陳述出來的「見山是山」，背後都蘊含著一整套的心理意識與哲學思維，及其指攝的文化意象，人心仍有所住，仍有執著。

　　第二層「親見知識，有個入處」，接受佛教的世界觀的視角與立場之後，融入觀者的主觀意識，已能觀空知假，從而發現「見山不是山，見水不是水」，山水的意象逐漸脫離現實時空中的色相，此種否定性陳述，「是」與「不是」的游移，正凸顯了主客觀融攝下矛盾性的法執。

　　第三層開悟之後，建立起主體性的覺悟，這是對莊子美學親和自然的突

〔註63〕錢穆，《錢賓四先生全集・中國學術思想史論叢》（二）〈黑格爾思想之根本錯誤〉，頁431，台北聯經出版社，1996年版。

〔註64〕張節末，《禪宗美學》，浙江人民出版社，1999年版，頁18。張先生指出：「『休歇』一詞可能來自臨濟義玄，他云：你一念心歇得處，喚作菩提樹。你一念心不能得歇處，喚作無明樹。無明無住處，無明無始終。你若念念心歇不得，便上他無明樹，便入六道四生，披毛戴角。你若歇得，便是清淨身界。你一念不生，便是上菩提樹。」（《古尊宿語錄》卷四《鎮州臨濟慧照禪師語錄》）

破與超昇，「得個休歇處」，能夠超越人類表達的種種限制，獲得全然的理解，回歸人類最初始的整體表達，而不作任何分析性的評判，所以「依然見山只是山，見水只是水」，山水意象已經形上化而成爲觀者的純粹觀照，山水自然心象化而凝成爲超時空的山水意境，呈現一幅永恆存在的山水情境，禪的美學全面開展，逐漸影響到後來中國山水畫的勃興。

關於這三個層次的開悟歷程，千百年來散發出無窮的魅力，透過許多著名的禪門公案，增添更多神秘的色彩，以下嘗試說明禪美學的形上性格，及其對超越的本體之追求。

以禪的「不立文字」與要求「無念、無相、無住」的眼光，第一、二層的「見山是山」與「見山不是山」，山水意象仍停留在人造語言文字的指稱，而第一層的「肯定」與第二層的「否定」，形成對立，仍有所心念，仍有所羈絆，心仍有所住，山水的形象仍具體顯現。

第三層則眞正回歸天地實際的山水，只是「如是」的山水，因爲就天地實相而言，本不可思議，一經言說，則違實際，此時此刻的「依然見山是山，見水是水」，便是超越了「肯定」與「否定」對立的絕對存在境界，超越了心念、形相，而無所羈絆。

至於禪爲何要借用「否定」來作爲其立論的型式呢？禪學大師鈴木大拙曾試圖解釋：

> 禪宗不能不借用「否定」，這是由於我們與生俱來就有「無明」的緣故，它是像濕衣沾身似地糾纏於心的桎梏，「無明」在一定範圍內有其存在合理性，但它不能超越這個界限。所謂「無明」是邏輯二元論的別名，雪花白烏鴉黑，但這是屬於世俗的、「無明」的說法，如果我們參悟了事實眞理的話，那麼，就必須從世界尚未創造，「彼此」意識尚未喚醒，心靈仍處在它的本初狀態即它的清淨虛空狀態的起點上去看待萬事萬物，這時呈現的是「否定之否定」的世界，但它是爲了在否定中實現更高層次的絕對肯定的世界。〔註65〕

依據鈴木大拙的解釋，第一層次「見山是山」、第二層次「見山不是山」仍屬於「無明」的二元論，而「無明」的作用，卻「像濕衣沾身似地糾纏於心的桎梏」，老僧經過三十年的苦心參悟，才獲得解脫，可見揭開遮蔽心靈枷鎖之不易。唯有第三層次「見山只是山」才回歸人類心靈的本初清淨虛空狀態，

〔註65〕鈴木大拙，《通向禪學之路》，上海古籍出版社，1989年版，頁25～26。

此時已不再是相對的肯定，因爲相對的肯定仍是被動的參照地行動，人相對地失去了創造性，必須晉升到絕對的肯定而獲得的自由，超越了一切條件、限制與對立，此刻所呈現的只是觀照的現象，而毋須多做說明，一切都只是觀照，都是刹那的創造。

　　經過以上辯證的過程，山水已提昇到純粹觀照的山水，山水物我一如在觀者的感悟中呈現，非關文字言詮，禪的自性在當下美感經驗中確立，人類的心靈棲居在詩意的宇宙大地之中，又超越了宇宙自然，更加強了禪宗自性思想的建設與確立。

四、美學的轉向

　　經由以上兩個著名公案，從其「不立文字」的精神中，透過「否定之否定」的辯證形式，藉以擺除「無明」的纏繞，所展現出對形上本體的追求，即是禪的非理性，與回歸入世的要求，形成美學的轉向。

（一）注重非理性的個體直觀體驗

　　禪宗「直指人心」的宗旨，乃透過「不立文字」的主張所提揭出來的，即在擺脫無明與理性的束縛，以「否定之否定」呈現「絕對的肯定」，首重的就是回歸個體的純粹直觀，超脫於分析性與理論性，就是老僧三十年後所悟「見山只是山」的境界，運用這種否定式的辯證，發掘直觀直覺的玄妙大用，正是公案禪的方法論，乃「由定生慧」最鮮活生動的說明。這種看空世界、回歸天地的掃相功夫，卻直接導致對佛性我與個體直觀體驗的強調，如柳宗元著名的〈寒江獨釣〉詩：

　　　　千山鳥飛絕，萬徑人蹤滅，孤舟蓑笠翁，獨釣寒江雪。

即是從否定式的掃相辯證過程中，在鳥絕人滅的空境中，突顯出一種清明的直觀體驗。而王維的詩〈辛夷塢〉：「木末芙蓉花，山中發紅萼。澗戶寂無人，紛紛開且落。」明朝胡應麟認爲是「入禪」之作，「讀之身世兩忘，萬念俱寂。」（《詩藪》）而受到禪「不立文字」影響所及，晚唐司空圖在其《詩品》中，提出「不著一字，盡得風流」的詩歌美學觀，並提倡「韻外之致」、「味外之旨」、「象外之象」，追求「言有盡而意無窮」的美學意境。

　　禪的境界正是中國人本有的智慧澈悟了大乘佛學的精神，所開創出前所未有的哲學與藝術境界，宗白華先生在〈中國藝術意境之誕生〉一文中也提到：

> 禪是動中的極靜，也是靜中的極動，寂而常照，照而常寂，動靜不
> 二，直探生命的本源，禪是中國人接觸佛教大乘義後體認到自己心
> 靈的深處而燦爛地發揮到哲學境界與藝術境界。靜穆的觀照和飛躍
> 的生命構成藝術的兩元，也是構成「禪」的心靈狀態。〔註66〕

宗白華先生進一步指出中國思想中的兩個典型如屈原的一往情深與莊子的超曠空靈，滲透到佛教佛理之中，轉化出盛唐的詩境與宋元的畫境，呈現出自然山水超時空的永恆存在狀態。

（二）回歸入世、直面人生、活在當下

　　禪對「空」性的強調，決定了其形上追求的性格，從二祖慧可「覓心了不可得」，到六祖慧能強調的「不立文字」，掃盡了由語言文字所形成人心虛相，諸如靈魂果報、三界輪迴等只是人造世界裡的諸種迷惑顛倒，如是相空則世界空，出世與入世泯爲一體，不必出世，實已出世。

　　可見空性乃宇宙實相，法理之本體。惟此「空」並非頑空，亦是一妙有，能不陷於死滅，因爲人心能造此空相，亦能破此空相，迷悟只在人心的感應之中，如《金剛經》所說的「應無所住而生其心」，求能在自性上建立萬法，從「空」的本體，回歸到人的性情，從出世走向人世間，泯出世入世爲一體，把本體形上的追求貫注到人生的境界與情味上，這是「空性」的擴大，由竺道生論「佛性」轉成慧能強調的「自性」，由慧可的「覓心了不可得」，發展成「識自本心」，〔註67〕逐步平實，而更見通俗化、大眾化，其影響逐漸由下層百姓的信仰而擴大到知識分子的心靈，也因爲禪的形上美學擴大了中國人的視域，使中國人的心靈在走向大自然的過程中，變得更加深沉、超脫和富於形上意味的追求。〔註68〕

五、回歸自然

　　禪關心著人類最初本眞的心靈狀態，通過「不立文字」的主張，以看空世界、回歸天地，不得已藉助於公案、語錄的方式說法，則形成其獨特的辯證方式，追求一種「否定之否定」的「絕對肯定」的超越的意境，轉向從日常話語中透露出佛法大意。

〔註66〕宗白華，《藝境》，北京大學出版社，1987年版，頁156～157。
〔註67〕丁福保，《六祖壇經箋註‧行由品》，台南大千世界出版社，1984年版，頁20。
〔註68〕李澤厚，《華夏美學》，台北時報文化公司，1989年版，頁177。

　　而在重建人類整體表達溝通管道的過程中，禪的形上終極關懷，圍繞著人心這種最初始、真實無污染的原點，追求一種當下即是的永恆妙悟，這種極深沉而超脫、又不落跡象的淡遠心境，超越人為的文字傳達，尋求回歸大自然單純的無目的性，大自然鳥鳴花開水流的暗示，提供禪最佳的教材，禪悟呈現在一片寂靜的池水，青蛙跳水撲通一聲中，顯示出世界的流轉，更襯托出現象背後本體的永恆存在。此種澈悟就是自性的呈現，也是無言的藝術境界，不執著於自我人格的追求，而是講究人生境界的提昇。

　　總之，禪形上美學的內在理路，透過「不立文字」對「語言道」的否定，造成人造精神世界的全面崩解，「語言道」的解消，透露了理性思考的非真實性，預告了人類原創性表達的重生，促成人類感知結構的美學轉向，使禪美學的終極關懷進行了一次形上的翻轉，轉向從「分殊」中求證「理一」，在個別的現象中呈現形上永恆存在的美感經驗，轉化成「情景交融」與「化景物為情思」的美感創作規律，這也就是禪的空性美學所追求充滿自然生趣的情感本體。

　　因此本節必須擴大文字功能的歷史視域，直接從「天地的真實性」、「回復真實的方法」、「終極關懷與美學精神」三個面向來理解「不立文字」，並從三方面說明禪宗在建立其形上美學的基本特徵：

　　第一，指出禪宗「不立文字」的主張，肇因於發現人造世界的侷限性與虛妄性，要求「語言道斷，心行處滅」，一掃心靈的虛幻相，不只是針對語言文字所形成的文化現象，而是以「語言文字」作為人類精神世界所構識的現象之象徵，作徹底的反思，提出「無心」的主張，以說明實在界存在的真相。

　　第二，透過禪門「見山是山」公案的例子為證，說明禪宗「不立文字」所使用的方法，乃是以「否定」進至「否定之否定」的辯證形式呈現，以求達到「絕對肯定」之純粹觀照，與慧能的偈「菩提本無樹，明鏡亦非台，本來無一物，何處惹塵埃」，同一意趣，目的在掃盡語言文字相，以直指本心。

　　第三，經由禪宗「不立文字」、「直指人心」所引申出重體驗、非理性的美學轉向，追求無言之美，導出禪美學的終極關懷，即在於人類心靈情感本體的不斷超越與提昇，其影響直接表現在士人的文藝創作、審美趣味和人生態度等方面。

　　藉由上述三方面的考察，使我瞭解到禪形上美學及其終極關懷，實扣緊著佛教對生命的終極體悟，其美學精神不同於英國美學家布洛所提倡的「心理距離說」及其所呈現的「適距美」，禪美學建基於佛教對生命整體究竟解脫

下的任運自在，所流露出來生命圓融的整體美，不偏執於某些特殊藝術上的美感喜好，與其產生出特殊生命的執著，甚至悲劇。禪呈現的是「一無所住」的大自在的美。禪在中國發展對中國人的生活各方面皆產生重大影響，簡單總結如下：

禪美學的形上義，是一種渡到彼岸的形上意象，這種波羅密多式的文化思維，對中國人質實平靜的形象思考造成了巨大的影響，提供一套全新的視野，擴大了唐朝以後的中國人的生命經驗。這種新的生命經驗，來自於強烈的此岸彼岸觀的文化氛圍中，基於對生命深刻的體會，禪所使用的波羅密多，是直接針對受束縛的此岸，進行全然的解構，獲得了對空性的全然了悟。

在這種全然了悟的前提下，禪提出了「不立文字」的主張，透過否定之否定的辯證方式，逐漸擺脫無始以來的無明，使生命達到澄明的境界，凝練出生命永恆存在的樣態。禪走上追求形上美學的終極關懷，促使禪呈現生龍活虎般積極入世精神，而不容易落入儒家庸俗化之後的現前享福人生觀，也不會淪入道家道教化之後長生求仙的幻想，這是禪形上美學高明之處，值得現代中國人追求現代化過程中，做爲建立新人生觀的參考。

第三節　禪悟之美

「頓」、「漸」問題爲中國佛學相當重視的問題，對於證悟成佛的步驟和方法持不同的看法，早期安世高一派的小乘禪學重視數息觀的修行，認爲達到阿羅漢果位，也要累世修行，積累功德，爲漸悟一派；而支讖、支謙等人的大乘般若學，重視義解、實相本體，近於頓悟一派。東晉時代支道林把成佛的步驟與菩薩修行的十住相結合，認爲七住以前是漸悟，之後才有頓悟，這種漸進式的頓悟，被稱爲是「小頓悟」。〔註69〕直到劉宋時期的道生提出「頓悟」說，認爲理不可分，所以修行悟道也不許有階次，但遭遇到眾人的反對，如慧觀著《漸悟論》，主張漸次悟入十住，才能成佛。道生的頓悟理論支持者少，獨謝靈運著《與諸道人辯宗論》，認爲「頓悟」才能獲得佛教眞諦。

一、迷與悟

「頓悟」爲禪宗慧能最重要的生命體驗與生存狀態，前面透過各種修行

〔註69〕黃夏年主編，《禪宗三百題》，上海古籍出版社，2000 年版，頁 300。

方法與理論的確立，對「自性」的回歸與開發，最終仍要落實到個體生命的實踐，首先面對的是開悟的問題，「迷」與「悟」的差別極大，其轉化往往在剎那之間，時間極其短暫，宗寶本《壇經・般若品》上說：

> 不悟，即佛是眾生，一念悟時，眾生是佛。
>
> 修此行者，是般若行。不修即凡，一念修行，自身等佛。善知識！
> 凡即佛，煩惱即菩提。前念迷即凡夫，後念悟即佛。
>
> 若起正真般若觀照，一剎那間妄念俱滅，若識自性，一悟即至佛地。
>
> 迷聞經累劫，悟則剎那間。悟此法，一念心開。〔註70〕

「眾生」與「佛」的差別關鍵在於「悟」，因此作為「眾生」或「佛」的個體，基本上是同一個。作為「佛」，因不「悟」而成為「眾生」；而「眾生」因「悟」得以成為「佛」。

一、「頓悟」的理論基礎及其重要性

「頓悟」乃二者角色變換之關鍵，從人間的角度，「頓悟」之所以可能，立基於「一切眾生本來是佛」的理論基礎上。在敦煌本《壇經》中也常暗示著「一切眾生本來是佛」〔註71〕的這個命題：

> 佛是自性作，莫向身外求。自性迷，佛即眾生；自性悟，眾生即佛。
> 〔註72〕
>
> 法海又白：大師今去，留付何法？今後代人，如何見佛？
>
> 六祖言：汝聽！後代迷人，但識眾生，即能見佛。若不識眾生，覓
> 佛萬劫不得也！」〔註73〕

根據楊惠南教授關於「頓悟」一詞的研究指出，在整個南禪的歷史文獻當中，「頓悟」一詞至少包含三個意思：

1. 迅速地體悟，如《壇經》所說的「悟在剎那間」、「一念心開」等。

〔註70〕 宗寶本《壇經》，引見《大正藏》卷四八，頁 350 至 351。

〔註71〕 雖然「一切眾生本來是佛」的說法，有其內在不可解決的問題存在，但不能就此而否定「頓悟說」存在的意義與價值，尤其是此說法對南禪立說的影響極大，後來極可能影響到王陽明提出「滿街都是聖人」的說法。參見楊惠南，《禪史與禪思》，台北東大圖書公司，1995 年版，頁 258。

〔註72〕 引見《大正藏》卷四八，頁 341。

〔註73〕 引見《大正藏》卷四八，頁 344。

2. 沒有固定階梯地體悟，如後來演變成「不假修習」、「道不用修」等主張。

3. 以平常的生活方式來體悟，如後來禪宗提倡「平常心是道」。

而這三個意義的「頓悟說」，都建立在「一切眾生本來是佛」的理論基礎之上。〔註74〕這「本來是佛」的本來面貌，便成為禪宗所追求的美學境界產生的理論思想根據。

慧能「頓悟說」不同神秀的「漸悟說」，北宗認為必須經過長期的修習，才能逐步掌握佛裡而覺悟成佛，這與印度佛教主張「心性本淨」相類似，只是為「客塵所染」，必須時時勤拂拭，逐去客塵，才能恢復清淨心。慧能認為神秀把「心」譬喻為明鏡，「心」被當作處理的對象，把「心」安置在一個超越的位置上，與世間隔離，不是禪悟的境界。〔註75〕慧能「頓悟說」主張「心性本覺」，只要使本來覺悟的心性顯現出來，即可達到佛的境界，「心即是佛」，吳汝鈞先生認為：

> 心不停地在發揮作用，不停地以其光明靈覺去照耀萬法，由於它是
> 光明靈覺，故不會被世俗的污染因素影響，不會「惹塵埃」。〔註76〕

吳先生指出慧能所體悟到的「心」是一個靈動的主體，它不停地在作用，發揮其妙用，以轉化世間，是一動進的心，這正好回應到慧能因聞說《金剛經》「應無所住而生其心」而開悟的說法，重點在於運作而不是把它對象化，使心在種種運作之中，不住於任何對象，不為任何事物所縛而失去自由。因此不需要長期修行，不需要施捨大量財物，不需要許多繁瑣的宗教儀式，不需要背誦浩如煙海的經典，〔註77〕慧能的「頓悟」理論為人們提供一條直接成佛的便捷途徑及最重要的實踐方法，大大地縮短了由此岸到達彼岸的時間與距離，也因此受到更多更廣大的信眾的熱烈歡迎，極有助於南禪宗教思想的傳播。

至於「悟」的重要性，鈴木大拙在其《禪與生活》中強調：

> 禪學的精髓在對生活和一般事物獲得一種新的觀點。……學禪的人
> 都稱這種新觀點的獲得是悟的境界。……沒有悟就沒有禪，悟確是

〔註74〕楊惠南，《禪史與禪思》，台北東大圖書公司，1995 年版，頁 240～241。

〔註75〕吳汝鈞，《遊戲三昧：禪的終極關懷與終極實踐》，台北學生書局，1993 年版，頁 161。

〔註76〕吳汝鈞，《遊戲三昧：禪的終極關懷與終極實踐》，台北學生書局，1993 年版，頁 162。

〔註77〕吳平，《禪宗祖師——慧能》，江西人民出版社，1995 年版，頁 131。

禪學的根本。禪如果沒有悟，就像太陽沒有光和熱一樣。禪可以失
去它所有的文獻，所有的寺廟以及所有的行頭；但是，只要其中有
悟，就會永遠存在。……我的看法則認為禪的生命始於悟。〔註78〕

由鈴木大拙的禪學理論可知「頓悟」在禪學中的重要，而依本文以透過「自
性使空性在感性現象中頓現」的說法，亦可知無「自性」、「佛性」，亦無「空
性之頓現」的可能，這也是剎那觀照呈現的契機。

二、機鋒、棒喝與公案

　　禪宗以「直指人心」、「見性成佛」為宗旨，不立文字，為教外別傳，強
調「以心傳心」的傳道方式，因此在教學方法上亦展現出獨特的異采。

　　禪師們所採用的各種教學方法如「機鋒」、「棒喝」、「公案」等，並不是
故作玄虛，而是根據禪宗的整套思想理路，自然發展出來的教學方法，使學
者在情急之中，豁然開悟，整個過程又能符合禪宗重視「頓悟成佛」及「無
念、無相、無住」、「不立文字」的精神。

　　「機鋒」的採用，乃是禪師為了使學人開悟，所採用的隱語、象徵、比
喻或暗示等手法，相互對答，由於進行快速迅捷，不落痕跡。其內容則常是
非理性的，南轅北轍，牛頭不對馬嘴，其目的在使對方自心發露，自心澈悟。

　　「棒喝」則是在此基礎上，更進一步褪去語言文字的障礙，亦可謂是無
言談緊張之機鋒，採取強烈的手段，令對方從執著中猛醒，頓見自性。目的
是求杜絕其虛妄的我執思維，用以考驗其悟境。

　　「公案」的參究與重視，顯示出對前輩祖師古德的崇敬，這仍是彰顯自
性的發揚，勝過對經典的膜拜。

　　「公案」的妙用，在於運用「言外之意」的道理，以矛盾、象徵、聯想
等動作或語言，打破學人的理性思維的固定模式。這些都是為了幫助人們破
「我執」、「法執」，所使用的善巧方法，以幫助人們建立超越知性與超越功利
性的精神體驗，達到主客冥合、物我合一的境界。這些方法呈現出禪宗高度
而豐富的知性智慧，機鋒所重在捕捉契合真相的禪機，「鋒」則比喻言語的鋒
利，禪師以此銳利的語言激發開導學人，以求達到心心相應，這種不加修飾、
簡潔、充滿力感的問答句式，成為禪宗的語錄，

〔註78〕鈴木大拙著，劉大悲譯，《禪與生活》，台北志文出版社，1974 年版，頁 95～
96。

如問「如何是佛祖西來意？」引來各種回答：「庭前柏樹子」、「好大燈籠」、「一吋龜毛重九斤」、「破草鞋」、「山河大地」等語句，無一不是想藉此提醒學人反心自省，後來發展成一種典型的範例，形成所謂的「公案」，常用來作為是非判斷的依據，機鋒、公案的形成與運用，促成了語錄體白話文的高度發展，對文學美的影響極大，其含蓄、簡短、形象的語言特色，運用自然生動，不做作，往往峰迴路轉，雋永韻味無窮，無法可循。

公案的大量集成與運用，也促成了以「畫」作為悟禪機緣的禪畫現象，在禪僧語文人之間的墨戲逐漸展開。〔註79〕

三、禪宗的悟境與美學境界

禪宗所追求的悟境，並不只是信受佛法，必須自心開悟，使佛法與自心合而為一，使自性成為佛性，因此所指攝的不是過程與趨嚮，而是一種境界。無疑地，這種境界的誕生必須透過禪宗的基本思想理論如「頓見真如本性」、「無念、無相、無住」等修行法門來達成，由此所開發出來「來去自由」、自然任運獨特的心境，這種境可以入詩，成為具有禪意的禪詩，可以入畫，成為揮灑自由富於禪意的禪畫，禪宗庭園正是展現這種心境的建築，一草一木、一花一石，都化為此種悟境的禪意與情思。

就悟境而言，禪的觀點影響到禪美學，產生多方面的趣味，如現象界中「一」與「多」的關係對應，形成多種不同的觀照，著名者如南岳懷讓的「說似一物即不中」，採取否定式的思考，藉以打破所有的因襲成見與執著。

其次，關於「一」與「多」的辨證關係，禪宗吸收了華嚴宗「法界緣起」、「理事無礙」的思想，六祖慧能在《壇經・般若品》即提到：

善知識！心量廣大，遍周法界，用即了了分明，應用便知一切，一切即一，一即一切。

用即遍一切處，亦不著一切處，但淨本心，使六識，出六門，於六塵中無染無雜，來去自如，通用無滯，即是般若三昧，自在解脫。

應用隨作，應語隨答，普見化身，不離自性。〔註80〕

其他著名者如永嘉玄覺所說的「一性圓通一切性，一法遍含一切法，一

〔註79〕黃河濤，《禪與中國藝術精神的嬗變》，北京商務印書館，1994年版，頁337～338。

〔註80〕引見《大正藏》卷四八，頁350。

月普現一切水，一切水月一月攝。」(《永嘉證道歌》)

　　甚至到了百丈懷海提出「一切色是佛色，一切聲是佛聲。」

　　另外，禪宗獨特的色空觀對自然進行重組，所營造出獨特的精神境界，如王維的《袁安臥雪圖》，描繪雪裡的芭蕉，當自然時空事物不再依照尋常自然秩序排列，發生了某種錯位，刷新人的感官心理知覺，創造出從未曾經驗過的境界。

　　由以上論述可知，禪宗透過「頓悟」理論之確立，禪師們以機鋒、棒喝及公案等方式，開發出日益豐富的禪之悟境，同時也成為禪所追求的美學境界。

第五章　禪宗美學的開展

　　根據前面兩章節的論述，作爲教外別傳的禪宗，以宗教修行見長，而衍生出其哲學的思想基礎，進而在美學領域創造了許多獨特深刻的見解，正如祁志祥先生在《佛教美學》一書中所說：

> 佛教本無意建立什麼美學，它很少正面闡述美學問題，然而，佛教經典在闡發其世界觀、宇宙觀、人生觀、本體論、認識論和方法論時，又不自覺地透示出其豐富的美學意蘊，孕育、胚生出許多光芒耀眼的美學思想。〔註1〕

這正符合禪宗《壇經》強調「不取不捨」的態度，這些深刻的美學思想影響到往後中國文學藝術美學的發展，尤其是佛教與儒家不同，佛教重視佛性而不講求天命，持苦觀而重視「空性」，並不是否定一切，因爲否定一切則不需要講求「佛性」、「空性」、「四聖諦」、「十二因緣」等佛學理論，反而是更積極地建構佛教理論，教導人們不爲外物所利誘、或掌控，看空一切，超脫一切現實利害與是非愛憎，達到所謂「佛」的境界，這也是一種審美境界。禪宗在佛教系統中，以「不立文字」爲標榜，更是特別重視審美境界的追求，對於「美」有多方面深刻的見解；另外禪宗的入世思想，教人「勿離世間上，外求出世間」，使得禪宗直接走向廣大的民間群眾，在建築、雕刻、文學、藝術等文化領域大放異彩，也使禪宗在文化上的意義，更富於美學意蘊。

〔註1〕　祁志祥，《佛教美學》，上海人民出版社，1997 年，頁 3。參見該書〈導論：在反美學中建構美學〉

第一節　出世風格的人間美學

吳汝鈞教授在〈遊戲三昧：禪的美學情調〉一文中指出：

> 禪在中國藝術方面的影響，主要表現於文學（詩）、繪畫與書法諸項；
> 對日本藝術的影響，則除了文學、繪畫與書法外，更及於舞台藝術
> （能樂）、建築（禪堂與茶屋）、日用器皿和庭園諸面；日本人的生
> 活模式，如茶、花、劍擊，都有濃厚的禪的味道，甚至武士也沾上
> 了禪的精神。〔註2〕

可見禪不僅影響到中國藝術的發展，也對日本文化發生全面性的影響。從此
亦可見出禪作為中國佛教高度發展之後，已發展出其獨特美學思想，才能對
中國與日本文化產生深遠的影響。

日本京都學派的禪學大師久松眞一博士羅列受到禪影響的文化項目：「宗
教、哲學、倫理、作法、諸藝、文學、書畫、建築、造庭、工藝等」，稱之為
「禪文化群」。而實際上，這十種文化項目已融攝到日本禪文化整體，再由此
文化整體表現在各種文化項目上，因為禪的藝術不同於一般世俗意義的藝
術，尚且強調藝術創作與欣賞，它是一種生命的藝術，包含整個生命整體的
藝術，禪打破了藝術創作與欣賞的差別，〔註3〕禪的最高境界要求禪的美藝貫
串整個人生，即人生即藝術，人生無時無刻不處於創作，無時無刻不處於欣
賞的境界與美感的享受之中，因此自然流露在生活與文化的各個層面，進而
影響到文化各個項目形成的風格與性格。

中國唐宋以來的文化，受禪影響最大的莫過於文學詩歌、繪畫及、書法及
建築等方面，尤其是禪宗獨創的語錄與公案，為語言思維審美開拓了新的天地，
形成各式各樣的機峰棒喝、看話禪、默照禪，在文學上注入活潑口語化的新血，
《六祖壇經》即是一部最著名的白話文學著作。禪宗的審美意識在詩歌方面影
響更大，受禪宗審美影響的詩人運用「以實為虛」的情思，使詩歌成為「有意
味的型式」，成為喚起禪境的利器與型式，如唐代禪詩表現出幽靜之美、宋代禪
詩重視清曠之美。〔註4〕由詩歌作品的成熟而影響到新文學理論的建立，中晚

〔註 2〕　吳汝鈞，《遊戲三昧：禪的終極關懷與終極實踐》，台北學生書局，1993 年版，
　　　　　頁 159。

〔註 3〕　參見楊慶豐，《佛學與哲學——生命境界的探求》，台北頂淵出版社，1989 年
　　　　　版，頁 107。

〔註 4〕　普穎華，《禪宗美學》，台北昭文社，1996 年版，頁 76～100。

唐司空圖的《詩品》到南宋嚴羽的《滄浪詩話》，以「妙悟」爲詩家創作與欣賞之第一義。作爲畫家的王維，以禪思入山水畫，直接影響到後世郭熙《山水訓》、《林泉高致》等繪畫理論的形成，尤其是「禪宗教義與中國傳統的老莊哲學對自然態度有相近之處，它們都採取了一種泛神論的親近立場，要求自身與自然合爲一體，希望從自然中銳吸靈感或了悟，來擺脫人事的羈縻，獲取心靈的解放。千秋永在的自然山水高於轉瞬即逝的人事豪華，順應自然勝過人工造作，丘原泉石長久於院落笙歌」；〔註5〕到了宋朝以後，大量禪畫的產生，更是禪宗美學成熟之後，對中國藝術影響的直接呈現。受禪宗思想的影響，在雕塑方面也起了明顯的變化，誠如李澤厚先生的觀察：

> 與（魏晉南北朝）那種超凡絕塵、充滿不可言說的智慧和精神性不同，唐代雕塑代之以更多的人情味和親切感。佛像變得更慈祥和藹，關懷現世，似乎極願接近世間，幫助人們。他不復是超然自得、高不可攀的思辨神靈，而是作爲管轄世事、可向之請求的權威主宰。〔註6〕

審美情趣也由強烈對比的崇高，轉爲強調和諧優美的人間天堂淨土。

國學大師錢穆先生在其《中國文化史導論》中指出禪宗的精神：

> 唐代禪宗之盛行，其開始在武則天時代，那時唐代，一切文學藝術正在含苞待放，而禪宗卻如早春寒梅，一枝絕嬌豔的花朵，先在冰雪中開出。禪宗的精神，完全要在現實人生之日常生活中認取，他們一片天機，自由自在，正是從宗教束縛中解放而重新回到現實人生來的第一聲。運水擔柴，莫非神通；嬉笑怒罵，全成妙道。中國此後文學藝術一切活潑自然空靈脫灑的境界，論其意趣理致，幾乎完全與禪宗的精神發生內在而很深微的關係。〔註7〕

關於禪宗的審美境，錢穆先生舉王維爲例子：

> 王維是耽於禪理的，他的詩句像「雨中山果落，燈下草蟲鳴」這一類，都想把一切有情無情，自然與人生全融成一片。這裡正可指出，中國人如何把佛教出世的情味，融化到日常人生而文學美術化了的一個例證。這一種境界，便全由中國禪宗創始。所以這一種境界，中國人有時竟稱之爲「禪的境界」。王維的輞川別業，是要把他的日

〔註5〕　李澤厚，《美的歷程》，北京中國社會科學出版社，1992年版，頁161。
〔註6〕　李澤厚，《美的歷程》，北京中國社會科學出版社，1992年版，頁110。
〔註7〕　錢穆，《錢賓四先生全集·中國文化史導論》，聯經圖書公司，1996年版，頁174。

常起居和他詩畫的境界，乃至全部哲理人生的境界，融凝一致的。

而王維正是一個禪味最深的人。〔註8〕

可見禪的精神與審美趣味如何融化到日常人生，並影響到文學藝術庭園建築等各方面，透過悟禪者把自然與人生結合融凝成一體，而使其人生各方面無不充滿禪機，表現出禪的精神與風格，自然、活潑、自在、空靈、灑脫、一片天機。中國美學經過莊子道家的突破，由群己人倫之美開拓視野而逐漸走向天地自然，但仍過於質實，缺乏佛教宗教出世的情味，唯有到了禪宗才真正將佛教看空天地自然、把自然心相化的美學觀與中國儒道美學觀相結合，提升了中國美學的境界，擴大了中國美學影響的層面，尤其錢先生強調「這一種境界，便全由中國禪宗創始。所以這一種境界，中國人有時竟稱之為『禪的境界』」，可見以錢先生的觀點，禪對中國美學的影響是空前的、具開創性的，無怪乎李澤厚先生與劉綱紀先生合著的《中國美學史》一書中所劃分出的四大美學思潮：「儒家美學、道家美學、楚騷美學、禪宗美學」，認為這四大思潮構成了「中國美學的精英和靈魂」，〔註9〕而以禪宗美學作為唐朝以後最重要的美學思潮代表。而錢先生論述到「禪宗作為由宗教回到人生的大呼號」，認為禪宗影響到中國美學精神的發展，直接刺激了一切文學藝術的蓬勃發展，詩歌、繪畫、書法、雕塑、建築等各方面的創作風起雲湧，成為中國平民社會日常人生的一大充實，便是禪宗美學的大功勞，錢先生以中國文化史的歷史眼光，給予禪宗美學極高度的評價：

> 我們要想了解中國文化之終極趨嚮，要想欣賞中國人對人生之終極
> 要求，不得不先認識中國文學藝術之特性與其內在之精意。要想認
> 識中國人之文學與藝術，唐代是一個發展成熟之最高點。必先了解
> 唐人，然後瞻前顧後，可以竟體瞭然。漢代人對於政治、社會的種
> 種計劃，唐代人對於文學、藝術的種種趣味，這實在是中國文化史
> 上之兩大骨幹，後代的中國，全在這兩大骨幹上支撐。〔註10〕

可見錢先生是多麼高度評價唐代的文學藝術的發展以及促使其發展因素之一的禪宗，尤其作為認識中國文化基本精神及其終極關懷，更不可不了解禪宗

〔註8〕 錢穆，《錢賓四先生全集‧中國文化史導論》，聯經圖書公司，1996年版，頁208〜209。

〔註9〕 參見李澤厚為宗白華《美學散步》一書寫的序，上海人民出版社，1981年版。

〔註10〕 錢穆，《錢賓四先生全集‧中國文化史導論》，聯經圖書公司，1996年版，頁181。

及其所建構的美學精神對往後中國人心靈活動的啓發與影響之大，尤其是文學藝術走向民間的廣大充實。從這個角度來看，我們不僅參考梁漱溟先生的觀點，認爲「中國文化是以道德代替宗教」，實是偏向於人生積極陽剛一面，這可以儒家思想做爲代表；也應多探究蔡元培先生「以美育代宗教」的主張，因爲錢先生認爲「中國唐宋以下文學藝術的發展，他們都有取代宗教的功能」，〔註11〕取其「清涼靜退」或「安慰」的意味，展現爲對現實的超脫與解放。

　　錢先生站在文化史的角度說明禪的重要性，強調禪的基本精神在於掙脫宗教的束縛，回歸現實人生，把佛教的出世情味融入到文學藝術的人生之中，展現出活潑自然空靈脫灑的境界，這也是錢先生對禪宗美學精神的詮釋。

　　關於禪的境界，宗白華先生也認爲「禪」正是中國人本有的智慧澈悟了大乘佛學的精神，所開創出前所未有的哲學與藝術境界，他在〈中國藝術意境之誕生〉一文中提到：

> 禪是動中的極靜，也是靜中的極動，寂而常照，照而常寂，動靜不
> 二，直探生命的本源，禪是中國人接觸佛教大乘義後體認到自己心
> 靈的深處而燦爛地發揮到哲學境界與藝術境界。靜穆的觀照和飛躍
> 的生命構成藝術的兩元，也是構成「禪」的心靈狀態。〔註12〕

宗白華先生首先指出，禪純粹是心靈的境界，是一種即靜即動的心靈境界，禪繼承了大乘佛學積極入世的精神，深深地影響到中國人的哲學與藝術精神的發展。進一步指出禪是從中國思想中的兩個典型如屈原的「一往情深」與莊子的「超曠空靈」超脫出來，滲透到佛教佛理之中，轉化出盛唐的詩境與宋元的畫境，呈現出自然山水超時空的永恆存在狀態，可見出宗先生的觀點仍著重在禪宗對現實人生情味的提昇，尤其是提供文學藝術新的創作泉源。

　　禪宗除了回歸到人間，仍不失出世的情懷，對現實人生發生巨大的影響，尤其是提昇文學藝術在文化結構中的重要性，走向更廣大的平民生活中去，

〔註11〕錢穆，《錢賓四先生全集・中國文化史導論》，聯經圖書公司，1996 年版，頁 190。錢先生認爲：「大體上在中國文學裡，是『解脫性』多於『執著性』的。他是一種超現實的更寬大的更和平的境界之憧憬。因此我們可以說，中國文學好像是站在人生後面的，他常使讀者獲得一種清涼靜退的意味。他並不在鞭策或鼓舞人向前，他只隨在人後面，時時來加以一種安慰或解放。」

〔註12〕宗白華，《藝境》，北京大學出版社，1987 年版，頁 156～157。

這即是本節所強調禪宗美學詩首要的特色之一乃是「具有出世情味的人間美學」。禪宗最突出的特色，即在人生境界的追求上。李澤厚先生在《華夏美學》一書中談到以儒學爲中心的中華文化，面對佛教東來激起了各種反應，除了政治經濟上的利害論之外，「其中心題目之一即在人生境界的追求上」，從美學史的角度看，這是中華文化接續莊、騷、玄的美學傳統之後，「又邁開了新步！」〔註 13〕使知識分子在文藝創作、審美趣味和人生態度等各方面開拓出新的境界！

第二節　禪的境界美學

　　李澤厚先生認爲禪非常喜與大自然打交道，禪追求一種「淡遠心境」和「瞬刻永恆」的感受，也正是對大自然無目的性的了悟，才會把目光轉移到花開草長、鳶飛魚躍等富有活潑生命力的自然對象，進而體悟到那展現永恆的靜、超動靜的本體。李澤厚先生指出，禪並不追求什麼理想人格，而只是某種澈悟的心境。這種「澈悟的心境」在審美要求上所呈現出「有意味的型式」，如「妙悟」、「沖淡」、「寧靜」等審美與人生境界上，追求人類心理情感本體的逐漸豐富。因爲這個因素，禪無須針對理想人格的強調，或少數精英分子的希聖希賢，而是追求某種「澈悟的心境」，這種特色使禪宗美學突顯出境界美學的風格。

　　究竟什麼是「禪的境界」呢？何謂「境界」？著名美學家宗白華先生在〈中國藝術意境之誕生〉一文中指出人與世界接觸，因關係的層次不同，可有五種境界：

　　　（1）爲滿足生理的物質需要，而有功利境界；

　　　（2）因人群共存互愛的關係，而有倫理境界；

　　　（3）因人群組合互制的關係，而有政治境界；

　　　（4）因窮研物理，追求智慧，而有學術境界；

〔註 13〕李澤厚，《華夏美學》，台北時報文化出版公司，1989 年版，頁 177～178。李先生認爲：「禪門中和尚的生活、信仰和思想情感，包括他們那些說教談禪的詩篇，對廣大知識分子和文藝創作並無重大的影響。眞正有重大影響和作用的是佛學禪宗在理論上、思想上、情感上對超越的形上追求，給未出家當和尚的知識分子在心理結構上，從而在他們的文藝創作、審美趣味和人生態度上所帶來的精神果實。」

（5）因欲返本歸眞，冥合天人，而有宗教境界。

> 功利境界主於利，倫理境界主於愛，政治境界主於權，宗教境界主
> 於神。但界乎後二者的中間，以宇宙人生的具體爲對象，賞玩它的
> 色相、秩序、節奏、和諧，藉以窺見自我的最深心靈的反映：化實
> 景而爲虛境，創形象以爲象徵，使人類最高的心靈具體化、肉身化，
> 這就是「藝術境界」。藝術境界主於美。〔註14〕

以宗先生的界定，很明顯地，禪宗的境界美學是屬於「宗教境界」與「藝術
境界」，作爲佛教教外別傳的禪宗，在宗教的上的追求亦有「歸本反眞，冥合
天人」的趨向，但未必如宗先生所謂的「宗教境界主於神」，在「藝術境界」
上則確乎「主於美」，唯藝術境界仍需依託於宇宙人生具相，借形象以爲象徵，
禪宗的境界美學常化實景爲虛境，以一切的美來自於心靈的泉源，甚至認爲
「一切自然風景是一個心靈的境界」。〔註15〕強調「境界說」的王國維先生在
其《人間詞話》裡也提到「境非獨謂景物也。喜怒哀樂，亦人心中之一境界。
故能寫眞景物、眞感情者，謂之有境界。否則謂之無境界。」因此若問禪宗
之美從何處尋？無疑地應該從心靈的境界上追尋，這種重視「境界」的審美
範疇，在唐代已基本確立，如王昌齡在《詩格》中把「境」分爲三類：「物境」、
「情境」、「意境」，這三者已涵攝情與景、物與我的交融之後所產生的美學境
界。皎然在《詩式》中有「取境」〔註16〕一節，強調情景交融所產生獨特的
氛圍與情調。

　　在針對禪的心靈境界作分析之前，本文首先嘗試從多方面的角度與觀點
的比對中，逐漸呈現禪宗所追求的「美」的本質與特點。

　　以禪宗作爲佛教的宗派而言，在思想上始終籠罩在其「自覺覺他，覺行
圓滿」的終極關懷之中，逐漸地回歸到現實人生，究竟能發展出何種獨特的
美學思想及主張呢？這是一個複雜的問題，除了以上所述，禪對人生多方面
產生的影響力，形成所謂「禪的風格」、「禪的境界」，爲平凡無奇的日常人生，
帶來無上的充實，如孟子所言「充實之謂美」，這「美」究竟從何而來？德國
美學家鮑姆加登提出與孟子相類似的觀點：

〔註14〕宗白華，《藝境》，北京大學出版社，1987 年版，頁 151。
〔註15〕宗白華，《藝境》，北京大學出版社，1987 年版，頁 151。
〔註16〕王敏華，《中國詩禪研究》，廣西師範大學出版社，1997 年，頁 32。作者認爲：
　　　　「世親《大乘五蘊論》：『云何想蘊?謂於境界取種種相。』僧皎然本此提出『取
　　　　境』，寫入《詩式》。」

　　　　單個感覺不能構成和諧，美的本質是在它的型式裡，……美成立於
　　　一個多樣統一的協調裡。多樣性才能刺激心靈，產生愉快。〔註17〕

鮑姆嘉登的觀點強調「型式」〔註18〕的重要，「美」並不是對象而是一種屬性，
這種屬性必須透過概念的型式而被認識的，鮑氏的重點在強調多樣性對心靈
的刺激所產生的愉快。禪的審美並不強調「快感」，但同樣地強調多樣的統一，
在多樣統一的協調裡呈現事物的單純美感，或透過詩歌，或透過書畫，這些
型式亦有單純化的審美傾向。把「美的作用」歸結為情感、快感的看法，易
流於關心事物的存在，而不關心它的型式，因此康德提出審美必須不涉及利
害計較，不是慾念的滿足。康德認為：

　　　　一個關於美的判斷，只要夾雜著極少的利害感在裡面，就會有偏愛而
　　　不是純粹的欣賞判斷了。人必須完全不對這事物的存在存有偏愛，而
　　　是在這方面純然淡漠，以便在欣賞中，能夠做個評判者。〔註19〕

依照康德的觀點，純粹美感應排除任何願望、需要或意志活動，「純然淡漠」
強調的是無私心地純粹靜觀，成為抽掉一切內容的型式主義，追求一種純粹
直觀的境界。〔註20〕這種抽掉內容的型式主義，在禪宗慧能《六祖壇經》中
所說的「本來無一物」的「無相」境界，強調的更為徹底，此種注重純粹美
的傾向，使禪宗美學的精神走向更趨於心靈化，更強調心靈主體性的能力，
更嚮往於意象、意境的營造。黑格爾曾說：

　　　　在藝術裡，感性的東西是經過心靈化了，而心靈的東西也藉感性化
　　　而顯現出來了。〔註21〕

這便是所謂的「意象」，此種「意象」能滿足更高的心靈旨趣，據黑格爾說法，
是因為「它們有力量從人的心靈深處喚起反應和迴響」。此觀點進一步說明了

〔註17〕宗白華，《藝境》，北京大學出版社，1987年版，頁247。

〔註18〕關於美學上的型式主義其淵源可溯源至古希臘畢達哥拉斯學派，以和諧為
　　　美，尤其是從音樂與數學的觀點重視比例的對稱美，並推廣到建築與雕刻等
　　　其他藝術，如所謂的「黃金分割」。參見朱光潛，《西方美學史》上卷，台北
　　　漢京文化公司，1982年版，頁18～19。

〔註19〕宗白華，《宗白華全集（四）・康德〈判斷力批判〉》，安徽教育出版社，1994
　　　年版，頁251。

〔註20〕康德在《判斷力批判》中也看到純粹美的限制，對純粹美的分析之後，即提
　　　出對崇高的分析，參見宗白華，《宗白華全集（四）・康德〈判斷力批判〉》，
　　　安徽教育出版社，1994年版，頁249～324。

〔註21〕黑格爾，《美學》，北京商務印書館，1994年版，頁49。

禪的境界美是經過了將感性的認識心靈化以後，所形成的意象美。這種情境交融後所產生的意象美，並不停留於感性事物的外表，而是呈現心靈更高的情趣。相反地若只能停留在感性事物的外表，黑格爾解釋乃由於「人的無能和侷限性」。〔註22〕

　　因此，經過以上略述鮑姆嘉登、康德、黑格爾對「美」的分析，「美」產生於多樣多元統一的型式中，康德更是強調純粹靜觀無內容的型式主義，排除了慾望與好惡的限制，亦不停留於事物外表，凸顯心靈的主體能動性。藉由他們對「美」的分析語言來說明禪宗美學的特質，禪的美學更富於強烈的唯心傾向，更強調心靈的能動性，禪肯定萬物多元的存在秩序，及其統一於「空性」的型式之中，這種審美要求使禪的美學精神傾向不沾滯於事物的外表表象，表現為純粹靜觀無內容的型式呈現，禪在追求人的心靈與外在事物相互為一體的過程中，在每個生滅的剎那中，心境與如實的境界完全合一了，這也是人的心靈能力之極至，而禪宗境界美學的基本型式於焉誕生。

　　由於禪特別強調心靈的能動力及其與外界事物的感通性，頗類似於美學上所謂的「移情作用」，中國古代畫家顧愷之即以「遷想妙得」、「妙對通神」等概念來說明自我活動在美感經驗中所起的作用，〔註23〕主張在藝術創作過程中融入自我的思想情感於對象之中，與對象融成一片，如所謂的情景交融，此種審美經驗，自從德國美學家李普斯稱之為「移情作用」，就獲得美學家普遍的迴響，李普斯特別強調自我活動在審美經驗中的能動性，這在中國古代顧愷之「遷想妙得」與禪宗「遊戲三昧」都以極精鍊的美學語言說明審美經驗的內在奧秘。著名的佛學學者吳汝鈞先生即根據克羅齊強調「移情作用」的美學原理，說明禪宗美學的性質與「美」的產生，他說：

> 克羅齊和他的學派以移情作用（empathy）為美學上的根本原理，即是在直覺經驗中，有移情作用發生的，即為美。這移情作用基本上是一種外射作用（projection），指審美者或欣賞者把自身的的感情移注到物事中去，而物事的形相（form）亦被吸納入審美者的生命中。這樣，物事對於審美者來說，即是美的。在移情作用或經驗中，審美者沒有「物是物、我是我」的分別意識，而是感到物我渾一、物我雙忘。這種雙忘的感受或境界是美的關鍵，那是一種無我之境，

〔註22〕黑格爾，《美學》，北京商務印書館，1994年版，頁48～49。
〔註23〕馬采，《哲學與美學文集》，廣州中山大學出版社，1994年版，頁383。

在美學上層次最高。……在禪中，有沒有與這類似的境界，而可稱
爲美的呢？〔註24〕

答案是肯定的，吳汝鈞先生認爲：「禪的遊戲三昧中的三昧的修習，便有這種
境界」，〔註25〕因爲在三昧的修習中，意識的高度集中使了別意識無所施，達
到主體與外物泯然一體、物我雙忘的境界，這是一種「無我之境」，在王國維
的《人間詞話》中高度讚揚此種「無我之境」：

有我之境，以我觀物，故物皆著我之色彩。無我之境，以物觀物，
故不知何者爲我，何者爲物。（《人間詞話》第三條）

無我之境，人惟於靜中得之。有我之境，于由動之靜時得之。故一
優美，一宏壯也。（《人間詞話》第五條）

以上王氏所述明顯受到康德和叔本華美學思想的影響，由此觀點言之，呈現
「無我之境」的三昧修習，實偏向於靜定觀照的一面，最著名的如宋朝廓庵
禪師的《十牛圖頌》，即描寫人牛俱滅的過程，這是偏向於三昧的靜態之美，
〔註26〕但這不是禪美學的終極關懷，禪美學除了要求達到物我渾一、靜定觀
照的境界，更背負著宗教意義上的終極關懷，不取不捨於世間，隨機地施設
種種方便，以轉化眾生，使眾生捨迷轉悟，成就解脫。因此在《壇經》中，
以「遊戲」與「三昧」並稱，關於「遊戲三昧」，慧能曾作如下解說：

若悟自性，亦不立菩提涅槃，亦不立解脫知見。無一法可得，方能
建立萬法。若解此意，亦名佛身，亦名菩提涅槃，亦名解脫知見。
見性之人，立亦得，不立亦得，去來自由，無滯無礙，應用隨作，
應語隨答，普見化身，不離自性，即得自在神通，遊戲三昧，是名
見性。〔註27〕

說明「見性」之後的「遊戲三昧」，所施展的「自在神通」，能夠「去來自由，
無滯無礙，應用隨作，應語隨答，普見化身，不離自性」，徹底地體悟到「無
一法可得」，因此不必執著於菩提涅槃，也不強立解脫知見，在「見性」的基

〔註24〕 吳汝鈞，《遊戲三昧：禪的終極關懷與終極實踐》，台北學生書局，1993年版，
　　　　 頁 167。

〔註25〕 吳汝鈞，《遊戲三昧：禪的終極關懷與終極實踐》，台北學生書局，1993年版，
　　　　 頁 167。

〔註26〕 吳汝鈞，《遊戲三昧：禪的終極關懷與終極實踐》，台北學生書局，1993年版，
　　　　 頁 168。

〔註27〕 《大正藏》四八，三五八下。

礎下，「方能建立萬法」，積極地成就世間法，「遊戲」乃形容禪者於世間隨處點化，揮灑自如，了無掛礙，如遊戲般地自由自在；「三昧」強調的是「不離自性」，使「遊戲」能夠不流於散漫或過度，必須兩者結合成為「遊戲三昧」，才能隨機應化，動靜一如，物我合一，此種如入化境已經達到藝術的境界。

第三節　禪宗美學的價值取向

　　前文曾提到張節末先生認為禪宗塑造了中國人全新的審美經驗，賦予中國人一種極精緻、空靈、微妙的精神享受，這歸功於禪宗所造成的美學突破。〔註29〕張先生認為：

> 隨著佛教入主，中國人的感性經驗，悄悄地發生著重大的轉變。……
> 禪宗處於中國的傳統，面對著同一個自然，它卻依據空觀僅僅把萬物萬象視作純粹現象──作為色（法）的自然，與空一體。大寫的自然之「氣」一變而為「空」的「色」，其間的變遷不可謂不巨。〔註30〕

這種依據禪宗的空觀將自然心相化，最典型的例子莫過於《壇經》中「風吹幡動」〔註31〕公案，六祖慧能直接把自然的物理現象轉變為禪宗的精神現象問題，由此可看到禪宗如何透過美學的感性達到宗教意義的開悟境界，「心」與「境」的問題在哲學美學上，稱之為心物關係，禪宗把「心」的功能當作一種純粹直觀，而把透過純粹直觀所發現的純粹現象，稱之為「境」。

　　在「心境」的營造上，如何才能達到禪宗的審美要求？何種「心境」才是禪宗的審美理想？什麼樣的審美趣味才是禪宗所追求所嚮往的？禪宗美學的風格為何？禪宗在美學上呈現何種獨特的性格？禪宗美學的成形已經完全不同於以往儒道美學的品味，提供中國人一種全新的生命美感之享受，張節末先生以「燈」之象為喻，用以形容禪宗所要追求的澄明的境界，他認為「覺悟的個人就像禪宗的燈，是一個光明卻孤獨的點，燈與燈之間可以傳，但是卻不可也必燃成一片，因為每一盞燈的實質與背景都是一個，即形而上之空。」禪宗所講求的是一種「境化」的「清淨」與「空」，〔註32〕這種講

〔註29〕張節末，《禪宗美學》，浙江人民出版社，1999 年版，頁 4～5。
〔註30〕張節末，《禪宗美學》，浙江人民出版社，1999 年版，頁 133～134。
〔註31〕此公案在早期禪籍《歷代法寶記》、《祖堂集》中亦有記載，可見其受到重視的程度。
〔註32〕張節末，《禪宗美學》，浙江人民出版社，1999 年版，頁 22～25。

求「境化」的「清淨」與「空」的審美風格，在各家各派多角度的研究中，以多樣化的描述出現，如葛兆光先生著眼於中國文化史的角度，在其《禪宗與中國文化》一書中，即以「自然、凝煉、含蓄」爲禪宗的美學風格；禪學大師鈴木大拙通過茶道實際生命經驗的實踐所展現出禪的精神「和、敬、清、寂」等風格；普穎華先生論述禪宗美學以「安詳」〔註33〕爲其內蘊，禪之美主要表現在「公案語言藝術的機鋒美」與「禪悅之美」，其境界美之風格，以「靈空」、「靜美」、「清曠」、「理趣」、「妙悟」與「狂怪」爲要旨。〔註34〕日本著名禪宗學者九松眞一博士指出禪文化的表現具有共通的性格，包括：「不均齊、簡素、枯高、自然、幽玄、脫俗、靜寂。」台灣佛教學者楊惠南教授更從佛教史的發展過程與宗派的對比研究，提出「簡素」、「孤高」、「不均齊」作爲禪宗美學思想之特徵，楊教授說：

> 基本上，屬於空宗的宗派（天台宗、禪宗），例如禪宗，在美學思想
> 上是注重「簡素」、「孤高」和「不均齊」。相反地，屬於有宗的宗派
> （華嚴宗、淨土宗、密宗），則在美學思想上，注重繁複、整齊和對
> 稱。〔註35〕

楊教授的對比研究，簡潔而深刻地指出中國佛教美學發展的方向及其特徵。以上多種研究成果對我們進一步了解禪宗美學的性格，具有開創性的輔助指導的作用，皆不可忽視。

葛兆光先生在其《禪宗與中國文化》一書中，以「直覺觀照中世界渾沌一片」來描述禪宗的梵我合一世界觀與其非理性的思維方式，基本上與本文關於禪宗要求「不立文字」以求達到終極關懷的精神是一致的。而關於禪宗美學的藝術思維，則以「觀照冥想」作爲其構思的理路說明，在禪宗的美學欣賞上則重視「活參與頓悟」，經過以上禪宗的思維方式與創作欣賞上的突破，形成禪宗獨特的美學性格──「自然、凝煉、含蓄」〔註36〕的風格。葛先生所提出的這三種風格，主要用來形容禪宗語錄、機鋒、公案的特色，禪宗語錄機鋒強調「自然」口語，活潑有趣，不假修飾，渾然天成。其中「含蓄」與「凝煉」又是關聯的，這是繼承禪宗「不立文字」的精神，當禪師不

〔註33〕參見耕雲先生《安詳禪》第54頁，耕雲先生提倡「安詳禪」著稱於世。
〔註34〕普穎華，《禪宗美學》，台北昭文社，1996年版，頁37～125。
〔註35〕楊惠南，〈佛教美學〉引自台北空中大學印行，姜一涵、曾昭旭等人合著之《中國美學》第四章，1992年版，頁116。
〔註36〕葛兆光，《禪宗與中國文化》，台北天宇出版社，1988年版，頁197。

得不使用語言文字來表達禪理時，往往透過比喻或含蓄的形容，以激發更大的領悟與想像空間，如所謂的「參活句」，即是禪宗的含蓄。

禪學大師鈴木大拙關於禪美學風格的闡述流露在其〈禪與茶道〉一文之中，他提到禪與茶道相通之處在其致力於「使事物單純化」〔註37〕的宗旨，茶道之美是一種「原始的、純樸的簡潔美」，其重要在於通過茶道的儀式，表現出對「和、敬、清、寂」茶道精神之尊崇。「和」作為一種柔軟心的象徵，一切世俗的貴賤貧富、患得患失在四坪半的榻榻米中，皆煙消雲散。拋棄一切人為的羈絆，平等相親，可以使人性更趨於深邃。「敬」所呈現的是心地誠實，不是單純的概念或機械式的模仿。藉由一塵不染的茶室，象徵佛國淨土之「清」潔無垢，鈴木大拙引用茶道經典《南方錄》一段話作為說明：

> 靜寂之本意在表示清淨無垢之佛家世界，詣茶室之露地草庵，棄絕
> 塵芥，主客以誠相見，不可強求規矩法式，唯升火燒水沏茶而啜飲
> 之，不可旁及他事。此即為佛心顯露。〔註38〕

如此少數人之集會，一時的「佛心顯現」，亦可指為茶道「和、敬、清、寂」精神的顯現，卻也是理想社會的縮影。〔註39〕尤其是最後一項精神境界——「寂」，不單單只是寂寞或寂靜之意，在梵文上具有「平和」、「靜穩」等意，亦有用來作為「死」或「涅槃」的代稱。「寂」的心境在茶道中所使用則含有「貧寒」、「單純化」、「孤絕」等意思。如千利休之孫宗旦在《茶禪同一味》一書中對「靜寂」的界定：

> 夫靜寂者，乃物質不足，一切難盡己意而蹉跎生活之意也。〔註40〕

由此可見，茶禪一味，絕不可以把茶道視為精美或奢侈的高級享受，而是作為現實人生的清涼劑，隨時提供恬靜的所在，在有限的能力與範圍內返回自然，使身心通過這四塊半榻榻米所營造出簡約、樸素、恬靜的氣氛，獲得清心的活力。

〔註37〕鈴木大拙，〈禪與茶道〉，引自《佛教與東方藝術》，吉林教育出版社，1991
　　　　年版，頁850。
〔註38〕鈴木大拙，〈禪與茶道〉，引自《佛教與東方藝術》，吉林教育出版社，1991
　　　　年版，頁859。
〔註39〕關於「一」與「多」的辨證關係，禪宗吸收了華嚴宗「法界緣起」、「理事無
　　　　礙」的思想，著名者如永嘉玄覺所說的「一性圓通一切性，一法遍含一切法，
　　　　一月普現一切水，一切水月一月攝。」（《永嘉證道歌》）
〔註40〕鈴木大拙，〈禪與茶道〉，引自《佛教與東方藝術》，吉林教育出版社，1991
　　　　年版，頁862。

　　鈴木大拙在〈禪與繪畫藝術〉一文中也提到「不均衡、不對齊、一角、貧乏、寂、簡單、孤獨」等形成日本文化與藝術最顯著的特色，這些都來自於對禪的基本認識，即禪宗所強調的「多中之一與一中之多」。〔註41〕

　　普穎華先生在《禪宗美學》一書中論述禪境界美之風格，以「靈空」、「靜美」、「清曠」、「理趣」、「妙悟」與「狂怪」爲要旨。主要表現在「公案語言藝術的機鋒美」與「禪悅之美」，前者表現在思維型式之美，可分爲八類：「常規邏輯型式之中」、「確義」、「迷頭認影」、「機竅」、「平易」、「文外之旨」、「悟」及「無言」；〔註42〕後者表現在「佛教音樂美」、「佛教建築美」及「佛教雕塑繪畫美」等方面，展現爲前述七項風格之中。首重「靈空」，普先生認爲「禪的虛空之美就是以『空觀』學說爲其本質的」，而「以『實有』爲方便之物顯化『虛空』」，〔註43〕虛實有無相生，正以圓成整體存在的境界。因此「靈空」之美的禪意境的興起，開闢出一片寧靜秀美的新的美感風格，尤其以王維爲典型的代表，著名的詩如：

　　　　人閑桂花落，夜靜春山空。月出驚山鳥，時鳴春澗中。

在閑靜的禪悅之中領略自然的造化之美，王維另一首詩〈辛夷塢〉被喻爲「入禪之作」：

　　　　木末芙蓉花，山中發紅萼。澗戶寂無人，紛紛開且落。

在無人知曉的深谷中，充滿生機的山中紅萼，獨自靜默地開且落，展現出一種恬淡閑逸的生命情趣與寧靜秀美的永恆生機。這種恬淡閑逸、寧靜秀美的生命情趣普遍存在於唐代詩人的歌詠之中，構成了詩人們共同的美感意識，這種脫俗的寧靜，李澤厚先生稱之爲「本體的靜」，〔註44〕他分析以上所引兩首詩：

　　　　一切都是動的，非常平凡，非常寫實，非常自然，但它所傳達出來
　　　　的意味，卻是永恆的靜，本體的靜。在這裡，動亦靜，實卻虛，色
　　　　即空。而且，也無所謂動靜、虛實、色空，本體是超越它們的，在
　　　　本體中，它們都合爲一體，而不可分割了。這便是在「動」中得到
　　　　的「靜」，在實景中得到的虛境，在紛繁現象中獲得的本體，在瞬刻
　　　　的直感領域中獲得的永恆。〔註45〕

〔註41〕鈴木大拙等著，《禪與藝術》，台北天華出版社，1994年版，頁108。
〔註42〕普穎華，《禪宗美學》，台北昭文社，1996年版，頁40～54。
〔註43〕普穎華，《禪宗美學》，台北昭文社，1996年版，頁68～75。
〔註44〕李澤厚，《華夏美學》，台北時報文化公司，1989年版，頁182。
〔註45〕李澤厚，《華夏美學》，台北時報文化公司，1989年版，頁182。

李澤厚先生以哲學形上學的角度來詮釋王維充滿禪機禪趣的詩，似乎更能掌握到禪詩內在的美學精神。這種美學精神已經瀰漫在唐代許多詩人作品上，如常建詩：「清晨入古寺，初日照高林。曲徑通幽處，禪房花木深。山光悅鳥性，潭影空人心。萬籟皆俱寂，唯聞鐘聲音。」如孟浩然〈題義公禪房〉詩：「義公習禪寂，結宇依空林，戶外一峰秀，階前眾壑深，……看取蓮花淨，方知不染心。」深得山林秀美的禪房，儼然成為詩人的一片淨土。韋應物〈贈上方僧〉更描述老僧三十年不出山門禪寂之境：「見月出東山，上方高處禪。空林無宿火，獨夜汲寒泉。不下藍溪寺，今年三十年。」除了寧靜之美，此詩甚且傳達出寂寥之情。劉禹錫〈宿北山禪寺〉以「青松、古路、白日、寒山」描述隱居的禪境，詩云：「上方鳴夕磬，林下一僧還。密行傳人少，禪心對黨閑。青松臨古路，白日滿寒山。舊識窗前桂，經霜更待攀。」營造出一片清新寧靜秀美的禪淨之美，令人神往。〔註46〕

　　禪的清曠理趣，可以王安石的禪悟詩〈讀維摩經有感〉為代表，其詩云：「身如泡沫亦如風，刀割香塗共一空。宴坐世間觀此理，維摩雖病有神通。」兼具理趣與禪悟，流露出清澈曠然之美。這種「清曠之美」在宋朝詩歌美學上蔚成了主流，尤以蘇東坡為代表，在〈念奴嬌・赤壁懷古〉「大江東去」的豪情背後，隱藏著「多情應笑我早生華髮，一樽還酹江月」，超脫於塵寰的了悟，悟到了人生如夢，展現出隨緣放曠，寄情於山水的詠懷。〈前赤壁賦〉描述明月清風，白露橫江，「縱一葦之所如，凌萬頃之茫然」，感慨宇宙之無窮與人生之短促，傳達出清曠虛空之佳境。〈後赤壁賦〉「是歲十月之望，步自雪堂，將歸於臨皋」，再度遊於赤壁之下，頓覺「江流有聲，斷岸千尺。山高月小，水落石出」，深刻的形容詩人「曠達的心境與這清荒的深秋相映」，〔註47〕更加感到人世的滄桑，「曾日月之幾何，而江山不復識矣！」此時的美感境界已昇華到「物我相忘的禪悅境界」，展現出清曠超然之美。此種清曠的禪悅美感經驗亦分為多種層次，普穎華先生分析如下：

> 有清而曠之美，清而達之美，如東坡；有清而遠，清而靜之美，如
> 王維；有清而麗，清而淡之美，如歐陽修；有清而秀之美，如李清
> 照；有清而峭之美，如柳宗元；有清而朗之美，如王安石；有清而
> 奇之美，如黃庭堅；有清而潤之美，如韋應物；有清而適之美，如

〔註46〕普穎華，《禪宗美學》，台北昭文社，1996年版，頁83～86。
〔註47〕普穎華，《禪宗美學》，台北昭文社，1996年版，頁96。

儲光羲：有清而僻之美，如賈島。〔註48〕

以上諸多美感經驗都蘊含著禪的清美理趣，圍繞著「清」的審美價值，衍生出各具特色的人格特質，這種曠達的人生觀並非純然的超脫或迴避，而是更積極地形成對抗社會流俗的清涼劑。唐宋以後，「清」的藝術品格受到高度的重視，往往被推爲上品，方虛谷曾以自然萬物取象，說明「清」的美學品格，他說：

天無雲謂之清，水無泥謂之清；風涼謂之清，月皎謂之清。一日之氣夜清，四時之氣秋清。空山大澤鶴唳龍吟爲清，長松茂竹、雪積露凝爲清。荒迴之野笛清，寂靜之室琴清。而詩人之詩亦有所謂清焉。……詩最可貴者清，然有格清，有調清，有思清，有才清。若格不清則凡，調不清則冗，思不清則俗。〔註49〕

以「清」的品格作爲衡量詩的審美價值，同樣地，此種清曠超然、充滿禪機禪趣的審美意識，亦見之於宋人的山水畫中，普穎華先生指出宋人「常以幽谷、深林、晴空、孤雁來濃化清荒之境。借舒蕭之境幻現不食人間煙火之旨，於蒼茫古樸中，浸潤禪悅之美。彷彿人神遊其境時，必然步入清曠之中。」〔註50〕這不同於唐人寧靜秀美的禪趣，而顯示出與大自然結合、與現實結合之後的開悟，清荒舒曠而不失人間味，禪的審美更加生活化，成爲引領社會思潮的主流，影響的層面亦逐漸擴大。

李澤厚先生以「淡」字作爲總括禪境與詩意所追求的審美理想，在其《美的歷程》一書中早已點出禪宗美學對中國繪畫、文藝思潮的影響，書中指出：

正如司空圖二十四品中雖首列「雄渾」，其客觀趨向卻更傾心於「沖淡」、「含蓄」之類一樣。……是當時整個時代的文藝思潮的反映。……畫論中把「逸品」置於「神品」之上，大捧陶潛，理論上的講神、趣、韻、味代替道、氣、理、法，無不體現出這一點。〔註51〕

這種追求「平淡」、「沖淡」的韻外之致，成爲後期中國文藝的審美理想，如梅聖俞說：「作詩無古今，唯造平淡難」。〔註52〕蘇東坡所說：「大凡爲文，當使氣象崢嶸，五色絢爛，漸老漸熟，乃造平淡。」〔註53〕李澤厚先生在《華

〔註48〕普穎華，《禪宗美學》，台北昭文社，1996年版，頁100。

〔註49〕盧谷，〈馮伯田詩序〉，參見《桐江集》。

〔註50〕普穎華，《禪宗美學》，台北昭文社，1996年版，頁101。

〔註51〕李澤厚，《美的歷程》，北京中國社會科學出版社，1992年版，頁151～152。

〔註52〕梅堯臣，《梅堯臣集編年校注》，上海古籍出版社，1980年版，頁845。

〔註53〕王進祥編，《中國美學史資料選編》（下卷），台北漢京文化公司，頁40。轉引

夏美學》直接點出後期中國美學範疇的重大轉折，他說：

> 自此以後，所謂「韻」或「韻味」便壓倒了以前「氣勢」、「風骨」、
> 「道」、「神」、「格」……等等，成爲更突出的美學範疇。王漁洋的
> 「神韻說」，便是它的最後成果。這裡的「韻」也不再是魏晉的「氣
> 韻」、「神韻」，而是脫開了那種種剛健、灑脫、優雅，成爲一種平平
> 常常、不離世俗卻又有空幻深意的韻味，這也就是沖淡的韻味，正
> 是通過這「鏡花水月」式的空幻的美的許多具體型態，展現在藝術
> 中的。〔註54〕

正是這種韻外之致的追求，「鏡花水月」式的審美情趣的營造，在意境上常常
展現出「動中靜」、「色中空」、「有中無」、「實中虛」的特色，從平實的生活
圖畫中，透露出淡遠而恆久的韻味。所以李澤厚先生特別重視「蘇軾的意義」，
以蘇軾作爲這一文藝思潮與美學趨向的典型代表，蘇軾詩文中透露出一種求
解脫又無法解脫，對整個人生感到厭倦與深沉的感傷！「它類似於叔本華」，
李澤厚先生強調：

> 這種整個人生空漠之感，這種對整個存在、宇宙、人生、社會的懷
> 疑、厭倦、無所希冀、無所寄託的深沉喟嘆，盡管不是那麼非常自
> 覺，卻是蘇軾最早在文藝領域中把它透露出來的。……也許，只有
> 在佛學禪宗中，勉強尋得一些安慰和解脫吧。正是這種對整體人生
> 的空幻、悔悟、淡漠感，求超脫而未能，欲排遣反戲謔，使蘇軾奉
> 儒家而出入佛老，談世事而頗作玄思：於是，行雲流水，初無定質，
> 嬉笑怒罵，皆成文章；……蘇軾在美學上追求一種樸質無華，平淡
> 自然的情趣韻味，一種退避社會、厭棄世間的人生理想和生活態度，
> 反對矯揉造作和裝飾雕琢，並把這一切提到某種透徹了悟的哲理高
> 度。〔註55〕

蘇軾的意義正凸顯說明中國禪學的基本特色，乃是由禪而返歸於儒、道，在
回歸的過程中，雖然深深地染上了一層悲涼的禪意，卻仍能曠放豁達，另一
方面則憂時憂國，不忘儒道本色。李澤厚先生這正是中國文化和文藝中的禪
的基本特色，尤其與日本禪作比較之後，更能凸顯中國禪的精神，李澤厚先

自何文煥《歷代詩話‧竹坡詩話》。

〔註54〕李澤厚，《華夏美學》，台北時報文化公司，1989年版，頁197。

〔註55〕李澤厚，《美的歷程》，北京中國社會科學出版社，1992年版，頁153～154。

生談到日本禪的特色：

> 日本的意識型態和文藝中的禪，倒更是地道的。它那對剎那間感受
> 的捕捉，它那對空寂的追求，它那感傷、淒愴、悲涼、孤獨的境地，
> 它那輕生喜滅，以死爲美，它那精巧園林，那重奇非偶，……，總
> 之，它那所謂「物之哀」，都更突出了禪的本質特徵。〔註56〕

李先生在比較中承認日本禪更能把握禪的原型，由於禪強調「境由心設」，此
種思想影響到環境園林的建築，如日本園林之「建境啓悟」，重視人爲造境，
營造出精巧、微妙空靈的意境。中國禪毋寧已是加了「儒」、「道」情懷而走
味了的禪意，重視直覺智慧，回歸到對生命與人生的肯定。李澤厚先生進一
步指出「傳統士大夫文藝中的禪意由於與儒、道、屈的緊密交會，已經不是
那麼非常純粹了：它總是空幻中仍水天明媚，寂滅下卻生機宛如。具有禪意
美的中國文藝，一方面由於借自然景色來展現心靈的形上超越，另方面這形
上境界的展現又仍然把人們引向對現實生活的關懷。這便進一步擴展和豐富
了心靈，使人們的情感、理解、想像、感知以及意向、觀念得到一種新的組
合和變化。」〔註57〕而這也是禪美學對中國主流美學所造成的衝擊與貢獻，
進而影響到宋明理學追求所謂的「天地境界」，乃是一種審美的人生境界，李
先生在其《李澤厚哲學美學文選》一書中指出：

> 中國傳統式通過審美代替宗教，以建立這種人生最高境界的。正是
> 這個潛在的超道德的審美本體境界，儲備了能跨越生死，不計利害
> 的自由選擇和道德實縣的可能性，這就叫「以美儲善」。〔註58〕

從美學走向道德倫理，又能超越倫理，通過審美而達到宗教的作用，以建立
審美的人生境界，這種「與天地上下同流」的審美境界，以李澤厚的觀點而
言，是高於道德境界的，甚至高於宗教而表現出能取代宗教的趨勢。〔註59〕

久松眞一博士在論文中指出日本諸多禪文化的表現，具有共通的性格，
包括：「不均齊、簡素、枯高、自然、幽玄、脫俗、靜寂。」〔註60〕久松眞一
博士更進一步強調這七個性格不能分離，是渾然一體的。其中第一項「不均

〔註56〕李澤厚，《華夏美學》，台北時報文化公司，1989年版，頁200。
〔註57〕李澤厚，《華夏美學》，台北時報文化公司，1989年版，頁176。
〔註58〕李澤厚，《李澤厚哲學美學文選》，台北時報文化公司，1989年版，頁201。
〔註59〕李澤厚，《華夏美學》，台北時報文化公司，1989年版，頁207。
〔註60〕久松眞一，〈禪的文化〉，載於《禪的藝術》一書中（《久松眞一著作集》五），
東京理想社，1970年版，頁31～32。

齊」，也受到鈴木大拙的重視，他認為「這個觀念是出自馬遠的『一角』體」，〔註 61〕「不對稱」已成為日本文化的特色，也是日本禪藝術平易近人的原因之一，關於禪美學的特性，久松博士以更豐富的表述說明：「脫俗的、蒼古、空寂、幽闇、閑寂、古拙、素樸、沒巴鼻、沒滋味、也風流、端的、灑脫、無心、孟八郎、傲兀、風顛、擔板、清淨。」〔註 62〕這種重視禪宗思想的審美精神，深深地影響到楊惠南教授在編選《禪思與禪詩》的標準，楊教授認為：「也許，只有從這樣的標準，來看待禪詩，才能夠欣賞這些看似拙劣，確深富啓發性的詩歌吧！」〔註 63〕

〔註 61〕鈴木大拙等著，《禪與藝術》，台北天華出版社，1994 年版，頁 107。

〔註 62〕S.Hisamatsu, "On Zen Art", The Eastern Buddhist, Vol 1, No.2, Sept. 1966, pp32-33.

〔註 63〕楊惠南，《禪思與禪詩 —— 吟詠在禪詩的密林裡》，台北東大圖書公司，1999 年版，頁 5。

第六章　禪宗美學對中國藝術的影響

> 我們在藝術中不是作愉快的或有益的遊戲……而是闡明真理。
> ── 黑格爾：《美學》第三卷

　　自從唐朝禪宗的創立，對中國藝術美學產生了廣泛而深刻的影響，經現代美學家如李澤厚、劉綱紀等學者劃分爲中國古典美學之第四大主流，基本上已爲學界所認定，此點於前面章節論禪宗美學特色時已述及。而且對中國中後期文藝美學思想造成決定性的全面影響，產生所謂「禪藝合流」的文藝思潮，這一幕波濤壯闊的偉大景象，創造出許多非常傑出的文藝作品，也更加豐富了禪宗的美學文化，成爲禪宗美學文化中最璀璨的明珠、最亮麗的明星，幾乎成爲禪的代言人；而且以禪的特殊的展現模式而言，如「遊戲三昧」之遊戲性、要求「空性之頓現」及「不立文字」等反省式思辨，落實在生活與藝術，凝聚成爲藝術的表現方式，最恰當不過了。

　　禪藝術的展現，正好是一種剎那觀照，透過文學、繪畫、音樂、戲劇、雕刻、建築等媒介，使人返觀自我內在的空性，如指月之指，如燈之相映，燈燈相照，照亮整個禪宗美學文化。「禪藝合流」便是禪走向生活的最佳路線，禪要落實到日常人生，透過藝術的滋潤生命，運用藝術的方法傳達禪趣，以詩畫喻禪，提升人生境界，進而達到禪的解脫境界，這便是禪的宗教美學理想。受到禪的影響，在生活上也創造多樣化的藝術形式，如中國的茶藝，日本發展成茶道，另外還有花道、香道等，庭園建築方面也產生如禪庭、茶庭、坪庭等受禪風格影響的建築特色。

　　在前面章節曾論述禪的不立文字，說明禪主張「不立文字」的目的在凸顯語言文字等人造物對世界所作各種規範，造成人的遠離自然，形成多種文明病

病痛，使人類的生存回歸天地的眞實性，這是禪「不立文字」主要著力處。但在禪境的開發，則顯然超越了「不立文字」的約束，從「改證爲悟」的過程中，神會和尚的「言下便悟」，對抗北宗的「攝心求證」，顯然獲得較大的成功，語言文字成爲頓悟的方法之一，產生了大量的語錄、燈錄、禪詩、開悟詩。

受到禪宗影響所及，形成一股新的藝術美學風潮，如唐代張操的《繪境》，王維晚期的詩歌繪畫，白居易、柳宗元、劉禹錫等人的藝術言論，皎然著《詩式》，司空圖的《詩品》，五代梁荊浩《筆法記》都具有濃厚的禪美學意識。到了宋代，歐陽修、蘇軾、米友仁、黃庭堅都直接運用禪思想探討美學問題，著名者如蘇軾所謂「出新意於法度之中，寄妙理於豪放之外」，黃庭堅的書法創作中便呈現濃烈的禪意境。嚴羽的《滄浪詩話》，明顯運用禪理來研究藝術的本質，以詩的直覺來契合禪的妙悟觀照，並大力發揚禪宗美學的宗旨。元明清時代的倪雲林、袁宏道、董其昌〔註1〕、王世禎、石濤等藝術家的美學思想及創作無不受到禪宗美學的薰陶。〔註2〕

禪美學的最高境界，在能透過藝術把禪的「空性」滲透到日常生活上來，即所謂的「人生藝術化」、「清清翠竹，無非般若」、「溪聲盡是廣長舌，山色無非清淨身」、「挑水砍柴，無非妙道」，這是現代機械世界所最缺乏的藝術趣味，機械世界最大的特點，在於改造自然；藝術世界則促使自然之心靈化，使自然更富於人性人情，即人作爲自性主體之深情流露與抒發展現。前面第三章曾提到禪與自然的關係，不是一種改造自然或靠概念體系建立的認識關係，而是以形象化的藝術審美關係。禪的精神常要求即體即用，於用中顯體，禪之於藝術經過一番禪藝合流的過程，明顯地即是此種「即體即用」與「作用見性」精神之顯發。宗白華先生在〈中國藝術意境之誕生〉一文中也提到：

> 禪是動中的極靜，也是靜中的極動，寂而常照，照而常寂，動靜不二，直探生命的本源，禪是中國人接觸佛教大乘義後體認到自己心靈的深處而燦爛地發揮到哲學境界與藝術境界。靜穆的觀照和飛躍的生命構成藝術的兩元，也是構成「禪」的心靈狀態。……所以中國藝術意境的創成，既須得屈原的纏綿悱惻，又須得莊子的超曠空

〔註1〕 董其昌思想上受到禪宗影響非常大，甚至將住所稱爲「畫禪室」、「墨禪軒」，並以禪來比喻畫理，陳繼儒《容臺集敍》稱董氏「獨好參曹洞禪，批閱永明《宗境錄》一百卷，大有奇怪」。

〔註2〕 曾凡恕、曾輝，《中國藝術美學散論》，河南人民出版社，1992年版，頁98。

　　　　靈。纏綿悱惻，才能一往情深，深入萬物的核心，所謂「得其環中」。
　　　　超曠空靈，才能如鏡中花，水中月，羚羊掛角，無跡可尋，所謂「超
　　　　以象外」。色即是空，空即是色，色不異空，空不異色，這不但是盛
　　　　唐的詩境，也是宋元的畫境。〔註3〕

所謂「禪是動中的極靜，也是靜中的極動」，乃因動態的美感是指向心靈境界，
而宇宙的本體涅槃是寂靜的，故動只是靜中之動。〔註4〕宗白華先生進一步指
出中國思想中屈原的一往情深與莊子的超曠空靈，滲透到佛教佛理之中，轉
化出盛唐的詩境與宋元的畫境，這種詩境與畫境的美學精神正與存在主義大
師海德格爾所主張「人應詩意地棲居於大地」，精神意態相關。以下試以禪詩
與禪畫爲例，說明禪宗美學對文藝的影響。

第一節　禪　詩

　　　　前面章節已論述禪宗「不立文字」的文化學意義，但是經過禪的無常觀
照作用，突顯文字的般若妙用，透過把文字藝術化、哲理化的過程，成爲所
謂的禪詩或詩偈，承載著意蘊更豐富的悟道指南。

　　　　作爲藝術化、哲理化之後的「詩」，通過想像形成一種文化氛圍，一種對生
命的詮釋與生活方式，正如維根斯坦所說的「想像一種語言，正意味著想像一
種生活方式」，〔註5〕「詩」通過語言營造出意象，透過想像構築全新的世界。

　　　　陸機《文賦》中以「詩緣情而綺靡」說明詩的基本特質，即意味著透過
主觀情感所營造出情景交融的意象與漫衍，已超越了客觀事理的邏輯，導致
象隨情生、形因意變，通過這些比興與變形，傳達出詩人內在的生命意興，
司空圖在其《詩品》中形容這種變形「千變萬狀，不知所以神而自神。」英
國詩人雪萊在其《詩辨》中指出：「詩使它所觸及的一切變形。」詩人的想像
是千變萬化的，杜甫在《旅夜書懷》一詩中，即景自況，化身沙鷗：

　　　　飄飄何所似，天地一沙鷗。

在天地何其大之中，這是一隻何等飄渺孤獨的沙鷗啊！英國詩人華茲華斯歌詠布
穀鳥：

〔註3〕　宗白華，《藝境》，頁156～157，北京大學出版社，1987年版。
〔註4〕　韓鵬杰，《禪宗美學思想初探》，引自《法藏文庫・中國佛教學術論典・56碩
　　　　博士學位論文》，高雄佛光山文教基金會，2002年版，頁381。
〔註5〕　王敏華，《中國詩禪研究》，廣西師範大學出版社，1997年版，頁25。

布穀鳥啊！

你可是一隻鳥，

還是一個飄蕩的聲音？〔註6〕

通過詩人的聽覺想像，布穀鳥化身爲「一個飄蕩的聲音」。〔註7〕又如李白「白髮三千丈，緣愁似個長」引人愁思無限、以「虛荒誕幻」著稱的李賀寫出「遙望齊州九點煙，一泓海水杯中瀉。」這些森羅萬象、蔚爲奇觀的變形美，顯示出詩的審美想像之直覺性、隨意性和創造性。詩的本質特徵，使詩成爲最富於禪性的審美形式。〔註8〕

禪的直覺、境界與修行都與詩相近，故詩人元好問形容「詩爲禪客添花錦，禪是詩家切玉刀。」宋德洪覺范在《石門文字禪》中把禪與詩的關係比作春與花：「蓋禪如春也，文字則如花也。春在於花，全花是春；花在於春，全春是花。而曰禪與文字有二乎哉！」正說明詩與禪相輔相成關係。

禪的頓悟與詩的靈感相通，禪之由頓悟而至佛地，詩人藉靈感而興發作詩，同樣是「個別、無心、偶然、恍惚不定、無從捉摸」。〔註9〕

禪的靜慮與詩的構思亦有微妙的近似，禪宗的「一悟即至佛地」、「一花一世界」，天台宗「三千繫於一念，一念具足諸法」，唯識宗「萬法唯識」、「八識變現世界萬物」，而劉勰《文心雕龍‧神思》對詩的構思之神妙：

文之思也，其神遠矣。故寂然凝慮，思接千載，悄焉動容，視通萬里；吟詠之間，吐納珠玉之聲；眉睫之前，捲舒風雲之色；其思理之致乎。故思理爲妙，神與物游。〔註10〕

陸機在其《文賦》中對文章的構思亦極盡描繪：

其始也，皆收視反聽，耽思傍訊，精悟八極，心游萬仞。浮天淵以安流，濯下泉而潛浸。觀古今於須臾，撫四海於一瞬。籠天地於形內，挫萬物於筆端。〔註11〕

籠牢萬物於筆端，與佛教強調一念具足三千、出入宇宙古今有異曲同工之妙！都是強調心的靈妙與想像。

〔註 6〕 王敏華，《中國詩禪研究》，廣西師範大學出版社，1997 年版，頁 27。

〔註 7〕 王敏華，《中國詩禪研究》，廣西師範大學出版社，1997 年版，頁 27。

〔註 8〕 王敏華，《中國詩禪研究》，廣西師範大學出版社，1997 年版，頁 26～30。

〔註 9〕 王敏華，《中國詩禪研究》，廣西師範大學出版社，1997 年版，頁 39。

〔註 10〕 劉勰，《文心雕龍》，台北開明書局，1975 年版，卷六頁 1。

〔註 11〕 張少康，《中國文學理論批評史教程》，北京大學出版社，1999 年版，頁 104。

　　從神秀與慧能的詩偈中生動的比喻便開啓了禪詩合流的先機，在《壇經》
記載神秀與慧能的詩偈：

　　　　身是菩提樹，心如明鏡台，時時勤拂拭，不使惹塵埃。（神秀）

　　　　菩提本無樹，明鏡亦非台，本來無一物，何處惹塵埃。（慧能）

從這兩首詩偈並非只是如以往禪師的詩偈直陳佛理，而是運用了生動的形象與
比喻，慧能對神秀詩偈的批評是「美則美矣，了則未了」，可知慧能要求詩偈的
境界除了要「美」之外，更需要「了悟」，這便開了禪藝合流之先河，演變到後
來大量的禪詩出現，或「以詩明禪」，或「以禪喻詩」，最著名者如永嘉玄覺的
證道歌，以樂府詩體寫成，長達一千八百餘字，字數超過孔雀東南飛一千七百
餘字，證道歌的內容更涵蓋佛理、禪見、求道的要訣及禪史等。〔註12〕巴壺天
先生在其〈禪學參究者應具有的條件與認識〉一文中解釋道：

　　　　禪宗語言多用詩，此所謂詩的方法是指具有象徵意義性的比興詩而
　　　　言。中國傳統詩的表現法多用比興，外國也是如此。希臘哲學家亞
　　　　里斯多德在他所著的《詩學》中曾說：「詩與哲學不同，哲學是把抽
　　　　象的原理直接表述出來，而詩則是將抽象的哲理，寄寓於具體事物
　　　　中。」德國文學家哥德也曾說過：「詩中不能不有哲學，但必須隱藏
　　　　著。」這與中國人「講詩貴比興」同理。由於禪宗公案每用比興詩
　　　　來表達，要了解公案，必先熟習詩的方法。禪宗語言何以要用比興
　　　　體的詩來表達呢？人類的知識有三種，感性知識，理性知識和自性
　　　　知識。禪宗公案所表現的絕對的自性，是言語道斷，心行處滅的，
　　　　因而不得不藉重比興體詩——用感覺的具體事物，象徵那不可感覺
　　　　的和不可思議的自性。〔註13〕

巴壺天先生指出禪所要表現的自性，乃不可思議性的，詩的比興恰可以表現
禪的意境，可知禪者除了機鋒棒喝之外，又發現了以詩的比興語言來表現禪
的不可思議的自性及其內在深刻的禪機。如《無門關》裡藉著四季時序的更
換，道出了「無住」的頓悟之心：

　　　　春有百花秋有月，夏有涼風冬有雪。若無閒事掛心頭，便是人間好
　　　　時節。

在一個使人領略自然風光的某一瞬間，進入類似斯賓諾莎所謂的「直覺智

〔註12〕杜松柏，《禪與詩》，台北弘道文化公司，1980 年版，頁 31。

〔註13〕巴壺天，《禪骨詩心集》，台北東大圖書公司，1997 年版，頁 26。

境」，一個能找回自己本來面目的「人間好時節」，這是一個能帶給詩人禪者靈感頓悟的美妙時光。〔註 14〕又如羅大經《鶴林玉露》中所引某尼師悟道詩：

> 盡日尋春不見春，芒鞋踏遍隴頭雲。歸來笑拈梅花嗅，春在枝頭已十分。〔註 15〕

詩中形象地把求道的歷程比喻成「尋春」的雅興，以梅花的清香象徵春天的訊息，隱喻著開悟。而以此種生動的形象描寫悟道的歷程與境界，則以普明禪師的十牛頌「未牧第一、初調第二、受制第三、廻首第四、馴伏第五、無礙第六、任運第七、相忘第八、獨照第九、雙泯第十」最為著名，再加上廓庵禪師的十牛圖，意象更為豐富，形成「尋牛圖」、「見跡圖」、「見牛圖」、「得牛圖」、「牧牛圖」、「騎牛歸家圖」、「忘牛存人圖」、「人牛俱忘圖」、「返本還源圖」、「入廛垂手圖」等一組學道悟道的歷程。

除了偈頌、開悟詩之外，還有禪師們對公案的詠唱所形成的頌古詩，著名者如臨濟宗禪師汾陽善昭的《頌古百則》及曹洞宗禪師圓悟克勤的《碧巖錄》，如《頌古百則》中之第二十七首：

> 野鴨飛空卻問僧，要傳祖印付心燈。應機雖對無移動，才紐綱宗道可增。（《頌古百則》第 27 首）

即針對馬祖與百丈山行遇野鴨子飛過的公案，闡發「心境一如」的禪機，並留下無限的想像空間。

另有所謂的「化俗詩」，如王梵志的詩：

> 城外土饅頭，餡草在城裡，一人吃一個，莫嫌沒滋味。〔註 16〕

透過白話淺近的語言反映出深刻的佛理。又如寒山子的詩：

> 吾心似秋月，碧海清皎潔，無物堪比倫，教我如何說？〔註 17〕

> 碧澗泉水清，寒山月華白，默知神自明，觀空境愈寂〔註 18〕

> 一住寒山萬事休，更無雜念掛心頭，閒書石壁題詩句，任運還同不繫舟。〔註 19〕

〔註 14〕王敏華，《中國詩禪研究》，廣西師範大學出版社，1997 年版，頁 22。

〔註 15〕羅大經，《鶴林玉露》。

〔註 16〕李淼譯註，《禪詩三百首譯析》，建宏出版社，1995 年版，頁 6。

〔註 17〕錢學烈，《寒山拾得詩校評》，天津古籍出版社，1998 年版，頁 162。

〔註 18〕錢學烈，《寒山拾得詩校評》，天津古籍出版社，1998 年版，頁 196。

〔註 19〕錢學烈，《寒山拾得詩校評》，天津古籍出版社，1998 年版，頁 314。

寒山的詩常以活潑的口語，傳達出大自然優美的情境，並蘊含著深刻的禪理。〔註20〕在嘻笑怒罵的過程中，達到化民成俗的教化作用。

　　禪影響到詩詞文學，強調人的主觀情意之抒發，取象之空靈，傳達出自然、適意、清淨、淡泊的生活情趣與人生哲理，「詩中有畫，畫中有詩」乃蘇東坡所讚賞的王維詩畫意境，詩境與畫境的合一，都是心境的外化。

　　王維號稱詩佛，其詩文中隨處呈現佛教禪宗的色空觀，如〈能禪師碑〉中提到「五蘊本空，六塵非有」、「無有可捨，是達有源」，在〈謁璿上人序〉文中的「色空無得，不物物也」等觀點，都透露出佛教的空觀，並反應在王維的詩歌創作上，如〈鹿柴〉：

　　　　空山不見人，但聞人語響。返景入深林，復照青苔上。

詩中透過聲音和光彩的極力描寫，凸顯自然界的靜謐和空靈，尤其是以「空山」起筆，最後在寂靜的深林中透出返照的回光，更顯現出自然現象的稍縱即逝的幻相。〔註21〕不同於陶潛詩歌中強調「化」字（共出現了十五次），王維四百多首詩歌中「空」字出現了八十四次，平均每五首就有一個「空」字，〔註22〕著名如其《山居秋暝》：「空山新雨後，天氣晚來秋。」《鳥鳴澗》：「人閑桂花落，夜靜春山空。」詩中的「空」字，多蘊含著大、深、靜等義，與佛學的「空性」有密切的關係，亦可謂在字面上運用「空」字以形容「空性」，在詩境上亦極力地透過聲色動靜的描繪，在現象中勾勒出「空性」的感性層面，使禪意透過詩在感性現象中頓現，人的感性直覺與禪意詩境化而為一。

　　王維詩中「閑」字亦透露出佛教的空義，不同於陶淵明詩中的「閑」字，陶詩「形跡憑化往，靈府常獨閑。」（《戊申歲六月中遇火》）、「農務各自歸，閑暇輒相思」（《移居二首》）、「息交游閑業，臥起弄琴書」（《賀郭主簿二首》）等詩中「閑」字，多為「閒暇」之意。王維詩中「閑」字，常是把自然看空，在感性的現象中呈現空性，如王維詩：

　　　　灑空深巷靜，積素廣庭閑。（《冬晚對雪憶胡居士家》）
　　　　寂寥天地暮，心與廣川閑。（《登河北城樓作》）

由於受到大自然的感悟，心與「廣庭」、「廣川」凝成一體，同其雪白寧靜、

〔註20〕陳慧劍，《寒山子研究》，台北華新出版公司，1976 年版，頁 284。
〔註21〕陳允吉，〈論王維山水詩中的禪宗思想〉，引自《唐詩中的佛教思想》，台北商鼎文化出版社，1993 年版，頁 17。
〔註22〕張節末，《禪宗美學》，浙江人民出版社，1999 年，頁 186。

寂寥廣闊。這些都是受到禪的空觀注入了詩歌的創作，賦予文字以新的意涵。

　　根據錢鍾書先生《管錐編》的分析，〔註23〕可以把中國詩學分成四種：「教化論」、「唯我論」、「技巧論」及「妙悟說」。其中「妙悟說」以詩歌性靈的直覺，最著名的代表者如嚴羽的《滄浪詩話》，嚴羽主張「詩有別傳，非關書也；詩有別趣，非關理也。」此種強調「非關書」、「非關理」的詩，即是主張詩的創作主要憑藉在於自我的直覺，而不是知識或理論。

　　禪美學的影響到了詩歌理論的轉向，從早期的「詩言志」的傳統，詩歌除了用於表達自我情感與詩歌技巧的訓練之外，更要負起社會教化的工作，所謂「成人倫，助教化」，迨禪宗興起，詩歌又多發展出一中種新的風貌，即強調心的直覺妙悟，從盛唐以來，在禪學的影響下，許多詩人寄情山林泉石，以禪入詩，著名者如王維、儲光羲、孟浩然、韋應物等詩人，詩僧皎然著《詩式》，強調「取境」的重要，便是受到禪意境美學的影響，皎然說：

　　　　夫人之思初發，取境偏高，則一首舉體便高，取境偏逸，則一首舉
　　　　體便逸。〔註24〕

「境」的強調便意味著深沉的心靈直覺與本體的感知，皎然在其《詩式·重意詩例》評論謝靈運：「若遇高手如康樂公，攬而察之，但見情性，不睹文字，蓋詩道之極也」，與禪的不立文字的精神標準相同。皎然提出「以意合境」，強調「假象見意」、「旨冥句中」，希望達到意與境的統一，他認為：

　　　　靜，非如松風不動，林坎未鳴，乃謂意中之靜；遠，非如渺渺望水，
　　　　杳杳看山，乃謂意中之遠。〔註25〕

這種強調詩人內在意境的營造，為往後詩歌境界的開拓提供一新的視野。而以禪入詩的傾向，到了晚唐司空圖，其《與李生論詩書》中主張味在「鹹酸之外」，追求「韻外之致」、「味外之旨」，《二十四詩品》中提出「不著一字，盡得風流」、「如不可知」、「離形得似」等觀念，更是瀰漫著禪機與禪味，司空圖以生在此瞬刻無常、剎那生變的人生中，唯有寄興於詩的境界之中，才能獲得安住；而司空圖在詩的境界中，創造出許多理想人物——「幽人」、「美人」，〔註26〕美人幽居於白雲、空谷、深山、清泉之間，追求一種不受污染、

〔註23〕錢鍾書，《管錐編》第一冊，北京中華書局，1982年版，頁184～187。
〔註24〕許清雲，《皎然詩式輯校新編》，台北文史哲出版社，1984年版，頁44。
〔註25〕許清雲，《皎然詩式輯校新編》，台北文史哲出版社，1984年版，頁44。
〔註26〕朱東潤，《中國文學論集》，北京中華書局，1983年版，頁10。

永恆寧靜的境界。詩境的高下取決於詩人胸次的洗滌與提昇，追求如明月、白雲、空谷之平淡寧靜，達到「思與境偕」的境界！

　　嚴羽的《滄浪詩話》把頓悟說與言語道斷作了總結，〔註27〕他說「自然悟入」、「直截根源」、「頓門」等都是禪門用語，直接把禪與詩並舉說明：

　　　　大抵禪道在妙悟，詩道亦在妙悟。且襄陽學力下韓退之遠甚，而其詩
　　　　獨出退之之上者，一味妙悟故也。惟悟乃爲當行，乃爲本色。〔註28〕

嚴羽提出作詩首重「妙悟」，「學力」尚次之，論詩的學習則頗似學禪，嚴羽說：

　　　　夫學詩者，以識爲主，入門須正，立志須高。

　　　　見過於師，僅堪傳授；見與師齊，減師半德也。

　　　　醞釀胸中，久之自然悟入。雖學之不至，亦不失正路。此乃是從頂
　　　　額上做來，謂之向上一路，謂之直截根源，謂之頓門，謂之單刀直
　　　　入也。〔註29〕

嚴羽所引方法幾乎直接引用禪宗語錄，受禪影響可謂深遠矣。

　　禪詩歌中常常傳達出一種言有盡而意無窮的境界，藉以呈現禪美學中本體的朦朧美，嚴羽的《滄浪詩話·詩辨》亦盛讚此種境界：

　　　　盛唐諸公，惟在興趣，羚羊掛角，無跡可求。其妙處透徹玲瓏，不
　　　　可湊泊。如空中之音，相中之色，水中之月，鏡中之象；言有盡，
　　　　而意無窮。〔註30〕

這些都是因爲禪學高度發展之後，影響到詩歌的創作精神，才能達到幽遠高玄的意境。〔註31〕詩人們透過參禪提升詩的境界，金人元好問在其詩中論道詩與禪的關係：「詩爲禪客添花錦，禪是詩家切玉刀」，〔註32〕禪意與詩境相得益彰，陳榮波先生認爲「這不得不歸功於唐朝不僅是詩而且是禪的黃金時代之故了」。〔註33〕而禪與詩之結合，亦可以從「學詩渾似學參禪」一句話

〔註27〕錢仲聯，〈佛教與中國古代文學的關係〉，引自張錫坤主編，《佛教與中國藝術》，吉林教育出版社，1989年版，頁515。
〔註28〕郭紹虞，《滄浪詩話校釋》，北京人民出版社，1983年版，頁10。
〔註29〕郭紹虞，《滄浪詩話校釋》，北京人民出版社，1983年版，頁1。
〔註30〕郭紹虞，《滄浪詩話校釋》，北京人民出版社，1983年版，頁24。
〔註31〕杜松柏，《禪學與唐宋詩學》，台北黎明文化公司，1978年版，頁1。
〔註32〕元好問，《元遺山詩集》卷十，〈答俊書記學詩〉。
〔註33〕陳榮波，《禪海之筏》，台北志文出版社，1986年版，頁16。

中看出，這種「結合」已成為唐宋詩人和詩話，奉為規範的口號。〔註34〕

就禪的本質而言，杜松柏先生在其《禪與詩》一書中認為：

> 詩不能為禪錦上添花，但由於以詩寓禪的結果，使禪學大行，使禪
> 在不用梵土名相之餘，在揚眉、瞬目、挪拳、舉杖等之外，有了風
> 雅的表達方式，補救了粗豪的一面。至於詩人不止於授禪入詩，而
> 且以禪理論詩，皎然、司空圖、蘇東坡、嚴滄浪是最顯著的例子，
> 切玉刀能裁玉成器，去璞成研，此詩學得禪之助。〔註35〕

這更映證的禪與詩相得益彰的說法了，禪透過詩歌的創作使禪意境的表現方式更為開闊自由活潑，詩境即禪意，詩境無窮則禪意更在青山之外了。

禪更擴大對詩歌的影響力，進入文學藝術的領域，元曲作家馬致遠寫出膾炙人口的《天淨沙》：

> 枯藤老樹昏鴉，小橋流水人家，古道西風瘦馬，夕陽西下，斷腸人
> 在天涯！〔註36〕

宗白華先生認為最後一句，將全部景象都點化成一片哀愁與寂寞、宇宙荒寒、愴處無邊的詩境。〔註37〕

明清小說亦深深受到禪的無常之美的感染，如《三國演義》的卷首詞：

> 滾滾長江東逝水，浪花淘盡英雄。是非成敗轉頭空，青山依舊在，
> 幾度夕陽紅。白髮漁樵江渚上，慣看秋月春風。一壺酌酒喜相逢，
> 古今多少事，都附笑談中。〔註38〕

上半片把人世歷史興衰的場景移到亙古以來的長江東逝水上，點出「空」字，旋又回歸自然，充滿了禪意的瀟灑與儒道的達觀。而《紅樓夢》第一回藉空空道人之口道出宗旨：

> 因毫不干涉時事，方從頭至尾，抄錄回來，問世傳奇。因空見色，
> 由色生情，傳情入色，自色悟空，遂易名情僧，改石頭記為情僧錄。
> 〔註39〕

雖然言情亦染禪機，最後寶玉與一僧一道登岸而去，只留下「白茫茫一片曠

〔註34〕余國藩，〈宗教與中國文學〉，引自《中外文學》第十五卷第六期，1986年版。
〔註35〕杜松柏，《禪與詩》，台北弘道書局，1980年版，頁163。
〔註36〕王忠林，《元代散曲論叢》，台北文津出版社，1997年版，頁316。
〔註37〕宗白華，《藝境》，北京大學出版社，1987年版，頁152。
〔註38〕羅貫中，《三國演義》，台北三民書局，1978年版，頁1。
〔註39〕曹雪芹，《紅樓夢》，台北大中國圖書公司，1984年版，頁3。

野」！唐君毅先生在其《中西文化精神之比較》一書中，以《紅樓夢》與《水滸傳》爲例，他說：

> 《水滸》爲一形而上之蒼莽氣息所包圍，《紅樓夢》爲一形而上之太虛幻境之意識所包圍。二書所紀，皆寂天寞地中一團熱鬧。此一團熱鬧，在《水滸》中，好似驚天動地，在《紅樓夢》中，好似繡天織地。實則此團熱鬧，乃是虛懸于一蒼茫之氛圍中。〔註40〕

唐君毅先生認爲這是「一大虛無主義」，乃原自「人生無常之感」，這正是受到佛教禪宗的影響所烘托出來的一種寂寞空靈的意境，引發人生如寄之感。

第二節　禪　畫

中國禪畫，無不以自然爲境，而回歸人的性情、人的生命，垂柳、飛燕、一花一草，簡單幾筆，無不流露出人自得其樂的藝術精神。人的性情與自然合而爲一。此種以詩意爲內容而著眼於「境」界的追求，形成視覺上的完整感與內斂感，使山水自然滿懷激情、盡情奔放吟詠，有時則表現爲牧歌式的抒情意境。唐宋以來的繪畫，由於有了禪意的注入，頓時獲得了新生命，立刻鮮活起來，藝術家著力於把詩意灌注於山水實境，使自然凌空而來，充滿生生不息、靈動的生命活力，有時甚至直接題詩於畫中，更寓含著深刻的禪理。

關於禪畫與雕塑的發展，一開始是受到嚴格的質疑的，在《壇經》中有一段慧能的談話，談到「塑性」與「佛性」：

> 石上忽有一僧來禮拜云：「方辨是西蜀人，昨於南天竺國，見達磨大師，囑方辨速往唐土，吾傳大迦葉正法眼藏及僧伽梨，見傳六代於韶州曹溪，當去瞻禮。方辨遠來，願見我師傳來衣缽。」師乃出示，次問：「上人攻何事業？」曰：「善塑。」師正色曰：「汝試塑看。」辨罔措。過數日塑就眞相，可高七寸，曲盡其妙。師笑曰：「汝只解塑性，不解佛性。」〔註41〕

從慧能的無相法門而言，任何有形相的東西都與佛性相違，都落於名相知見分別，心就有所住，無法歸於空性的頓現，這是慧能頓教的最高境界，如慧

〔註40〕唐君毅，〈生命存在與心靈境界‧導論〉，引自郁龍余編，《中西文化異同論》，北京三聯書店，1989年版，頁43～44。
〔註41〕《六祖大師法寶壇經》，大正藏第48冊，頁358a。

能回答智常提問所說：

> 汝之本性，猶如虛空，了無一物可見，是名正見；無一物可知，是
> 名眞知。無有青黃短長，但見本源清淨，覺體圓明，即名見性成佛，
> 亦名如來知見。〔註42〕

正因爲三無法門與空性的頓現之要求，佛性仍有所見，惟其所見乃無內容之
佛知見，呈現一種純粹觀照，「本源清淨」乃就內容而言，「覺體圓滿」則就
其形式之完整，然而這就徹底否定了外物的存在，返回心靈的空無，連雕塑
與繪畫等藝術的功能都否定了，這與禪的「不立文字」的精神是一致的。這
種精神在趙州禪師身上亦流露出來，依據普濟《五燈會元》的記載：

> 僧寫師眞呈。師曰：「且道似我不似我。若似我，即打殺老僧；不似
> 我，即燒卻眞。」僧無對。〔註43〕

從這個故事中正說明早期禪師對眞實世界的堅持與對藝術的否定態度，這是
重在破的方面。

然而隨著禪學的發展，正如禪的不立文字，經由神會的「言下便悟」，到
「不離文字」、「文字禪」，各種語錄、燈錄的風行，參禪之風越來越盛。久松
眞一在談到禪是否可以入化的問題時也提道：

> （在禪宗的）藝術方面，產生了眞空妙有的身體表現、語言表現、
> 雕刻、繪畫、書、音樂等諸藝，而其本性就是眞空妙有。〔註44〕

可見「禪」亦可以有其表現形式，其表現出無相無礙的本心，而不被其表現
的形式所縛，其表現禪的形式亦可以被接受。〔註45〕前第四章亦提到公案的
大量集成與運用，也促成了以「畫」作爲悟禪機緣的禪畫現象，在禪僧語文
人之間的墨戲逐漸展開。〔註46〕

中國繪畫亦受到禪的啓示，吳道子不自覺地將禪宗的簡淡風格帶入畫
中，形成其簡淡緊湊的「疏體水墨」；到了宋朝蘇東坡提出「論畫以形似，
見與兒童鄰」的觀點，乃針對當時「再現」型的造型風氣，強調造型之「似」，

〔註42〕《六祖大師法寶壇經》，大正藏第 48 冊，頁 356c。

〔註43〕普濟，《五燈會元》上冊，北京中華書局，1984 年版，頁 202。

〔註44〕久松眞一，〈禪美術的性格〉，引自久松眞一，《禪與藝術》，頁 162。《久松眞
一著作集》第五卷，東京理想社，1970 年版。

〔註45〕嚴雅美，《潑墨仙人圖研究 —— 兼論宋元禪宗繪畫》，台北法鼓文化公司，2000
年版，頁 148。

〔註46〕黃河濤，《禪與中國藝術精神的嬗變》，北京商務印書館，1994 年版，頁 337
～338。

不能作爲論畫的唯一標準。〔註47〕而東坡評王維「詩中有畫，畫中有詩」，
尤以王維之水墨畫開南宗文人畫之始，而有禪畫之產生，刑光祖先生認爲：
「王維的水墨山水，非但從一切顏色中發現了本色，並且從單純墨色裡發
現了色彩；非但從墨色中發現色彩的玄妙，並且從一色裡發現無色的虛
靈」；〔註48〕與王維同時之畫家張操論作畫功夫「外師造化，中得心源」，
〔註49〕面對自然山水，心靈能自由地溝通，獲得一種內心的直觀感受、一
種瞬刻即永恆的心理體驗；〔註50〕黃山谷自謂因參禪而識畫，被尊爲以禪
論畫之先聲，〔註51〕都是受到禪宗思想「自性論」的影響，強調個體「心」
對外物的決定作用，也強化了藝術家主觀能動的創造力；除了心的自在化，
在美學風格上也促使美的內在化（the internalization of beauty），刑光祖先
生說：

> 所謂美的內在化，也許相當於劉彥和在《文心雕龍》所揭櫫的「隱
> 秀」或「伏采」。這種美的內在化的作風，見之於中國詩畫的，扼要
> 以言，是「簡」、「淡」、「空」、「逸」。〔註52〕

刑光祖先生所指出「美的內在化」，正與本文所謂「心相化」相近，這都是受
到禪的重視本心自性的影響所產生的美學風格。刑先生認爲在中國畫中「空」
的留白非常重要，甚至形成中國山水畫獨特的藝術哲學，其重點則在「心空」
則境空，才能畫空。王維便是最早將禪的思想觀點融進其山水畫，所謂「澄
心觀照」便是「心空」的審美態度，不離「有」而言「無」，王維畫的雪景、
捕魚、村墟、雪渡，無不呈現出禪的自性思想，充滿了超然物外、淡泊高遠
的「物我兩忘」境界。〔註53〕王維著名的《雪中芭蕉圖》更體現出禪宗的藝

〔註47〕 李學武，〈禪對文人畫意境的影響〉，出自《青海師範大學學報》（哲學社會科
　　　　學版），1999 年版，頁 96。
〔註48〕 刑光祖，〈禪與詩畫——中國美學之一章〉，台北華岡佛學學報第一期，頁 30，
　　　　1968 年版。
〔註49〕 明復法師認爲「心源這辭，正是禪家慣用的辭彙」，參見其所著〈禪畫在中國
　　　　之發展及其前途〉一文，收於《華梵佛學年報》，台北原泉出版社，1982 年版，
　　　　頁 371。
〔註50〕 黃河濤，《禪與中國藝術精神的嬗變》，北京商務印書館，1994 年版，頁 221。
〔註51〕 徐復觀，《中國藝術精神》，台北學生書局 1984 年版，頁 372。
〔註52〕 刑光祖，〈禪與詩畫——中國美學之一章〉，台北華岡佛學學報第一期，頁 30，
　　　　1968 年版。
〔註53〕 李學武，〈禪對文人畫意境的影響〉，出自《青海師範大學學報》（哲學社會科
　　　　學版），1999 年版，頁 97。

術精神，「形」只是主體心靈的外射。〔註54〕

　　本章開始引黑格爾《美學》第三卷論藝術作用在於「闡明眞理」，正可以說明「禪藝合流」、「禪畫合一」的現象。這種「禪畫合一」的主張，正是把禪宗美學精神體現在禪畫藝術之中，章利國先生在其〈中日繪畫中的禪宗美學及其比較〉一文中就提出八點禪宗審美性徵頗精要，言簡易駭，略述如下：

　　　第一，視繪畫爲實現心性直覺的手段，又是頓悟過程本身的繪畫觀。禪宗美學把繪畫作爲一種開悟之道、人生之道。

　　　第二，廣取世間實相作說禪材料入畫的題材選擇。禪宗強調基於俗世的精神昇華。

　　　第三，表現自然和自然表現的自然主義意嚮。禪宗哲學及美學啓發了一種參與宇宙間一切事物、將整個外在世界與自我生命意識合而爲一的意嚮。

　　　第四，混亂而澄明愉悦的審美體驗。不可言傳的澄明清澈愉悦的禪悟感受本身就是一種超常感覺，可以被本人清楚地意識到，卻無法以通常的邏輯和表達方式來梳理和傳達給別人，這種情況類似於繪畫創作及欣賞的佳境至境，正是視繪畫與禪悟爲一的禪家所倡導的。

　　　第五，審美主體與禪悟的直覺開悟體驗相聯係的表現性。禪宗其實是強調心靈決定作用的宗教派別，它以主體心靈的主宰和自律功能，將客體與主體自身包容在一起，達到涯際不分的地步。

　　　第六，不假規矩、超越規矩的「無法之法」。

　　　第七，簡素含蓄的造型模式。筆墨簡練省略單純，以水墨爲主，構圖素樸空曠，虛實對比強烈，這些都是具有禪宗美學內涵的畫作明顯的外在形式特徵。

　　　第八，與禪境一致的寂靜幽遠、意味無窮的畫境。〔註55〕

以上八項禪宗美學之審美特徵，無一不是經禪風法雨吹拂薰陶影響而成的，

〔註54〕黃河濤，《禪與中國藝術精神的嬗變》，北京商務印書館，1994年版，頁99。
〔註55〕章利國，〈中日繪畫中的禪宗美學及其比較〉，引自《禪學研究》第三輯，江西古籍出版社，1998年版，頁123～125。

其中第一項融入禪宗美學的終極關懷，提昇了禪畫之審美境界，如本文第一章所強調宗教藝術之終極關懷與其文化治療學上之意義。第二項特徵亦是本文第四章所強調的入世的風格，使得天上天下萬事萬物都成爲禪畫的材料與觀照的對象。第三項特徵是禪宗哲學與美學的基本精神，本文第四章探究禪宗「不立文字」而追溯到「回歸自然空性」，導致「境」的產生，這也是禪宗美學創生的基礎理論。關於禪宗繪畫的自然主義傾向，章利國先生亦特別從禪宗哲學美學的影響角度說明，他說：

> 從凝神觀照自然物的參禪，到視自然物爲禪機聖境，「即心」顯現而
> 與之合一，禪宗哲學及美學強調與大自然作深切無間的交往乃至實
> 現物我不分的「無念」，導致了禪畫藝術的自然主義意嚮。〔註56〕

章先生從禪宗的「無念」法門，推導出物我不分，正與本文第四章第一節以「無念、無相、無住」三無一體所形成「凝凍」與「超越」，精神相符，皆以達到與自然。第四項特徵，禪的不可言說性與獨特的體驗性，形成禪的神秘性，這也是禪畫與創造力的重要關鍵。第五項特徵，禪重視直覺頓悟與禪宗美學強調自性，突顯人格主義，加上禪宗哲學中「無念」、「無相」、「無住」等頓悟法門相關聯，影響到禪宗繪畫的自由活潑、不受外在的拘束，甚至創造出一揮而就的「墨戲」或「墨禪」。第六項特徵，亦與禪的「不立文字」及「頓悟」法門有關，要求超越規矩的侷限。第七項「簡素空曠」的特徵似乎已成爲禪畫的最重要特徵，畫中之「留白」呈現出無限的想像空間，《壇經》上亦提到「虛空」的妙處：

> 虛空能含日月星辰、大地山河，一切草木、惡人善人、惡法善法、
> 天堂地獄，盡在空中；世人性空，亦復如是。〔註57〕

正是由於「虛空」意義的提出，使得中國山水畫、禪畫多留空白以水墨呈現佛教的「空觀」思想。又由於禪畫重視抒發人的性情之自然流露，往往無固定的筆法，不強調工筆，不拘泥於傳統，大多以水墨畫呈現，何以故？鈴木大拙在《禪與日本文化》一書中也提到對禪宗對水墨畫的影響，他說：

> 水墨畫的原理實際上正是由禪的體驗引發出來。東方水墨畫中所體
> 現的諸如直樸、沖澹、流澤、靈悟、完美等特性，幾乎毫無例外同

〔註56〕 章利國，〈中日繪畫中的禪宗美學及其比較〉，引自《禪學研究》第三輯，江西古籍出版社，1998年版，頁123。
〔註57〕 敦煌本《壇經》，引見《大正藏》卷四八，頁340，上。

禪有著有機的關係。〔註58〕

鈴木大拙以禪學家的角度論述，不免有全面涵蓋之嫌。吳汝鈞教授則以禪美學的風格與精神作了說明：

> 水墨畫只有黑白的對比，在運墨方面也有乾濕、濃淡、疏密和輕重等的對比。這與禪的簡樸、古拙、不受約束等的風格很能相應。特別是那種破墨和潑墨的手法，使整幅畫面完成於一剎那間，也很配合禪的頓悟的實踐方法。倘若以水墨畫較易表達簡樸的精神或修行的境界，則彩色畫可說較能反映現象世界的種種差別與特殊的相狀。〔註59〕

同時提到禪美學的風格如「簡樸」、「古拙」、「不受拘束」等特色，自然影響到禪畫創作風格的形成，而禪思想的「頓悟」說之機鋒、棒喝也十足地反映在禪畫創作的方法上，如「破墨」和「潑墨」成為禪畫獨有的標記，形成禪畫狂逸的風格。康德在其《判斷力批判》第十四節也讚美單純之美，康德分析：

> 在繪畫，雕刻藝術，以至一切造型藝術中，在建築，庭園藝術中，在它們作為美術這範圍內，素描是十分重要的，在素描裡，對於鑑賞重要的不是感覺的快感，而是單純經由它的形式給人的愉快。渲染著輪廓的色彩是屬於刺激的，它們固然能使對象本身給感覺以活潑印象，卻不能使它值得觀照和美。〔註60〕

康德重視單純的形式美恰與禪宗簡樸的美學風格相似，惟康德深受十八世紀古典主義美術觀的影響，禪的水墨禪畫則中國逸品水墨畫的進一步發揮。中國宋元山水畫所追求淡遠的美感特徵，成為後期中國詩畫追求的最高境界，歐陽修在畫論上提倡「蕭條淡泊」之美，對後世極有影響力：

> 蕭條淡泊，此難畫之意，畫者得之，覽者未必識也。故飛走遲速，意淺之物易見，而閒和嚴靜，趣遠之心難形。若乃高下嚮背，遠近重複，此畫工之意爾，非精鑑之事也。〔註61〕

歐陽修主張畫意不畫形，要求畫出「蕭條淡泊、閒和嚴靜」的意境，對後世

〔註58〕鈴木大拙，《禪與日本文化》，頁35。

〔註59〕吳汝鈞，《遊戲三昧：禪的實踐與終極關懷》，台北學生書局，1993年版，頁175。

〔註60〕康德，《審美判斷力的批判》，引自《宗白華全集》（四），安徽教育出版社，1994年版，頁271。

〔註61〕歐陽修，《歐陽文忠公文集》，卷130。

影響很大，中國山水畫畫境的實際發展也逐漸從高遠、深遠轉向更爲空曠蕭疏的平遠，〔註 62〕從大山大水的雄渾走向荒寒淡漠的平遠意境。此點李澤厚在其《美的歷程》一書中在論述嚴羽《滄浪詩話》與司空圖《詩品》的美感追求時也提到：

> 嚴羽要求以漢魏盛唐爲師，所以應該說，他主觀上更推崇提倡李、杜的。但是晚唐北宋以來的歷史潮流含時代風會，卻使他實際上更著重去講求韻味，更重視藝術作品中的空靈、含蓄、平淡、自然的美。這些，也就使他在客觀上更傾向於王、孟。正如司空圖二十四品中雖首列「雄渾」，其客觀趨向卻更傾心于「沖淡」、「含蓄」之類。〔註 63〕

同時，李澤厚先生也進一步指出，宋元山水畫與宋詞、畫論把「逸品」置於「神品」之上，大捧陶潛，理論上的講神、趣、韻、味代替道、氣、理、法，無不體現出這一點，甚至宋代瓷器講究細潔淨潤、色調單純、趣味高雅，與唐之鮮豔或清之俗麗，迥然不同。〔註 64〕

　　從中國佛教繪畫史上來看，魏晉南北朝時代的佛教壁畫呈現莊嚴肅穆、五彩繽紛、對比強烈的風格，其整體感則是充滿哀傷與感嘆！唐以後即呈現普遍的人間性，尤其以禪宗思想的影響，促使水墨畫的興盛，這亦是時代思想的轉變影響到藝術美學風格的替變，也影響到中唐以來原本崇儒崇道的藝術家遁入禪門，據《佩文齋書畫譜》所載，唐、宋兩代的禪宗畫僧將近百人，其中著名畫家如石恪及妙普庵主，富於淡泊、無畏的精神，而被賦予狂禪的稱號。

　　深深受到禪宗思想的影響，也使禪畫不同於一般佛畫，禪畫跳脫於一般佛畫以宣導佛陀的教義爲主，以達到從善棄惡的目的；如禪家所強調指月之喻，禪畫則如禪機之觸媒、指月之手指，既非功德畫，亦不是供養畫或禮拜畫，禪畫在內涵上更要求引發觀者的自性，使自見本性爲第一義，不拘常法，完全擺脫佛畫繁複圖像的限制，豐富了傳統逸品水墨畫的想像力。

〔註 62〕韓鵬杰，《禪宗美學思想初探》，引自《法藏文庫・中國佛教學術論典・56 碩博士學位論文》，高雄佛光山文教基金會，2002 年版，頁 385。

〔註 63〕李澤厚，《美的歷程》（插圖珍藏版），廣西師範大學出版社，2001 年版，頁213。

〔註 64〕李澤厚，《美的歷程》（插圖珍藏版），廣西師範大學出版社，2001 年版，頁213。

　　更有學者認為禪畫合一，如無住在《禪宗對我國繪畫之影響》一書中指出禪與繪畫藝術不可分的關係：

> 宋人標出「墨戲」，明人始唱「畫禪」。畫與禪確乎不可分割，故禪宗興，畫道昌，禪宗萎縮而畫壇冷落。中國畫名家無不具禪家精神，他們的作品，無不是禪境的示現。畫與禪確乎是不可分的，畫即是禪，它們有共通的質地。因而欣賞畫，也無異於參禪。〔註65〕

由於禪宗思想精神的灌注於禪畫的創作發展之中，如法常牧溪筆墨枯淡，取世間百相入畫，體現出禪宗無處不在的佛性；梁楷的「簡筆」畫風，以禪宗典故入畫，如《六祖截竹圖》（附圖 7）與《六祖撕經圖》（附圖 8），寥寥迅疾數筆，即把人物禪機頓悟的內心世界顯現出來；米友仁《瀟湘奇觀圖》（附圖 9）描寫瀟湘「千變萬化不可名狀神奇之趣」，構圖迷離朦朧、若隱若現，體現了禪宗「於相而離相」的禪境；〔註66〕南宋馬遠夏圭畫人物常立於視覺中心，如馬遠的《寒江獨釣圖》（附圖 10）體現出對於自我意識的覺醒，山水畫蒼茫多留白，營造出空曠渺漠的禪機。〔註67〕

　　五代的禪僧貫休畫羅漢像（附圖 11），如同上一節論詩歌的變形主義，貫休人物的表情與軀體也極盡變形，似乎極力要表現人物的內心世界與其自然的性格。後人稱貫休入定睹羅漢真容，才畫出形骨古怪的羅漢像；亦有一說貫休于夢中所見。〔註 68〕這都說明貫休的創作心理之特殊，以參禪入定或進入夢境，描繪出潛意識中的心相。羅漢形象在佛教中代表著今生覺悟的意義，而這種羅漢形象更代表了一種超越精神境界的化身。〔註69〕

　　法常禪師（牧谿）的《觀音圖》（附圖 12），則融合公案與畫禪于一體，以一尋常的農婦模樣，著素樸的白衣，坐於山崖水邊，靜默無言，傳達出一種淨化的禪意。

　　到了清初四僧之一的石濤創作〈搜盡奇峰打草稿〉（附圖 13），時時接近

〔註65〕 無住，〈禪宗對我國繪畫之影響〉，引自《名家說禪》，上海社會科學院出版社，2002 年版，頁 236。

〔註66〕 黃河濤，《禪與中國藝術精神的嬗變》，北京商務印書館，1994 年版，頁 354。

〔註67〕 章利國，〈中日繪畫中的禪宗美學及其比較〉，引自《禪學研究》第三輯，江西古籍出版社，1998 年版，頁 130。

〔註68〕 黃河濤，《禪與中國藝術精神的嬗變》，北京商務印書館，1994 年版，頁 250～252。

〔註69〕 參見高居翰，〈日本收藏的中國宋元禪畫〉，引自《美術研究》83－2 期。日本安一淡川，〈意蘊無窮的筆跡──禪畫〉，引自《美術譯叢》85－4 期。

自然，從自然中取境，在其《畫語錄・山川第八》提到：

> 山川使予代山川而言也，山川脫胎于予也，余脫胎余山川也，收近期
> 峰打草稿也，山川與余神遇而迹化也，所以終歸之于大滌也。〔註70〕

這種接觸自然造化取境所形成的視覺印象，使石濤的畫能不拘於固定形式，而
是憑自然的性之所至。〔註71〕石濤在其《畫語錄》首章就確立「法自我立」，並
在「從於心者」的基礎上提出「一畫論」，作為其獨特的繪畫本體論，將其繪畫
藝術提升至哲學美學的層次，從老莊的「道生一，一生二，二生三，三生萬物」
的思想命題，提升到禪宗的境界。石濤在其《話語錄》對其「一畫」的解說：

> 太古無法，太樸不散。太樸一散而法立矣。法于何立？立於一畫。
> 立於一畫。一畫者，眾有之本，萬象之根，見用於神，藏用於人，
> 而世人不知，所以一畫之法，乃自我立，立一畫之法者，蓋以無法
> 生有法，以有法貫眾法也。……未能深入其理，曲盡其態，終未得
> 一畫之洪規也。行遠登高，悉起膚寸。此一畫盡收鴻蒙之外，即億
> 萬萬筆墨，未有不始於此而終於此，唯聽人之握取之耳。人能以一
> 畫具體而微，筆意透明。……用無不神而法無不貫也，理無不入而
> 態無不盡也。〔註72〕

從石濤《畫語錄》中可以看到他融通儒釋道禪理于一爐，而終歸于佛理本心
自性，表現于創作，石濤說：

> 信手一揮，山川、人物、鳥獸、草木、池榭、樓台，取其用勢，寫
> 生揣意，運情摩景，顯露隱含，人不見其畫之成，畫不違其心之用。
> 蓋自太樸散而一畫之法立矣。一畫之法立而萬物著矣。我故曰：「吾
> 道一以貫之」。〔註73〕

石濤「一畫論」立基於「法自我立」，使吾心回歸于山川自然，自然山川藉由
心靈的感受而表現出來，即本文所謂自然的心相化，此心相歸於一畫，乃「空
性」之象徵。石濤借用孔子「吾道一以貫之」，此道已融會儒釋道思想而以「空

〔註70〕 韓林德，《石濤與〈畫語錄〉研究》，江蘇美術出版社，1989年版，頁199～
　　　　200。

〔註71〕 劉墨，《禪學與藝境》，河北教育出版社，2002年版，頁844。

〔註72〕 韓林德，《石濤與〈畫語錄〉研究》，江蘇美術出版社，1989年版，頁199～
　　　　200。

〔註73〕 韓林德，《石濤與〈畫語錄〉研究》，江蘇美術出版社，1989年版，頁199～
　　　　200。

性」貫串之，此「一畫，含萬物于中」、「筆與墨會，是爲氤氳；氤氳不分，是爲渾沌。辟渾沌者，舍一畫而誰耶？」〔註74〕由此可知「一畫」具有高度的抽象意義，不單純只是「一條線」或「簡單的一筆」，周汝式先生將它解釋爲「最初的一條線」（the primordial line），〔註75〕亦過於具象。日本學者福光永司引用《易經》與《老子》「樸散則爲器」的原理，說明「一畫之法」乃由我，即領悟道的人所建立，〔註76〕亦能說明石濤畫論思想的一個面向。美國學者厄爾‧柯爾曼（Earle Jerome Coleman）在其博士論文《石濤繪畫中的哲學：對〈畫譜〉的翻譯與評介》中列舉對「一畫」的三種基本解釋：第一種以「一畫」是取得繪畫自由與解放的泉源；第二種屬於玄學本體論的解釋；第三種解釋認爲「一畫論」是一種宇宙發生論。〔註77〕日本學者久松眞一在其《禪宗與美術》一書中以禪美學的觀點論述：

> 新禪宗畫的最突出的特點乃是，一畫首先就構成了整體——一氣呵成、無須顧及細節。整體展現，然後各個部分才展現。換句話說，並非是多構成一，而是一先構成自身並在一裡展示多；不是以多表現一，而是一作爲創造主體在多中表現自身。同樣，不是以型態表現無型態，而是以無型態作爲創造主體在型態中表現自身。這與禪宗的頓悟是完全一致的。〔註78〕

久松眞一先生以禪宗「一即一切，一切即一」的空性思想詮釋石濤的「一畫論」，並指出「這與禪宗的頓悟是完全一致的」，由於頓悟思想的影響，才能從一中見一切，如《壇經》上說：「普見化身，不離自性」，〔註79〕石濤說：「以一治萬，以萬治一」，即體現出禪佛教的辯證思維，〔註80〕如永嘉禪師《證道歌》所云：「一性圓通一切性，一法遍含一切法。一月普現一切水，一切水月一月攝」，如此下筆如有神，石濤《畫語錄》形容此「一畫」下筆的創作過程：

> 寫畫凡未落筆先以神含，至落筆時，勿破促，勿怠緩，勿陡削，勿散神，勿太舒，務先精思天蒙。山川步伍，林木位置，不是先生樹

〔註74〕韓林德，《石濤與〈畫語錄〉研究》，江蘇美術出版社，1989 年版，頁 218、209。
〔註75〕方聞，《心印》，上海書畫出版社，1993 年版，頁 189。
〔註76〕今道友信，《東方的美學》，北京三聯書店，1991 年版，頁 53。
〔註77〕《外國學者論中國畫》，湖南美術出版社，1986 年版，頁 209。
〔註78〕《外國學者論中國畫》，湖南美術出版社，1986 年版，頁 209。
〔註79〕《壇經‧般若品》，引文見《大正藏》，卷四八，頁 350。
〔註80〕普穎華，《禪宗美學》，台北昭文社，1996 年版，頁 130。

後布地，入于林出于地也。以我襟含氣度，不在山川林木之內，其
精神駕馭于山川林木之外。隨筆一落，隨意一發，自成天蒙。處處
通情，處處醒透，處處脫塵而生活，自脫天地牢籠之手而歸于自然
矣。〔註81〕

從石濤的題跋中更顯出畫中的禪機活潑，人與自然交融、物我一體的活潑生
機，這種「脫天地牢籠之手」，獲得精神上的解放與自由。〔註82〕有時石濤甚
至在自然山水畫上題書「此吾前身也」（附圖 14）

　　現代畫家曉雲法師直接以潑墨山水入禪畫，如其禪畫《好向清涼地歇腳》
（附圖 15），水墨堙染烘托出一幅無上清涼的意境，乃直接取雲門雪峰祖師警
世語「好向清涼地歇腳，莫將名利酒添杯」之禪意入畫，以大筆濃墨揮灑出
危崖深山，溪澗石壁蘊藏無限清涼，一人臨溪獨坐，又以淡墨引出清秀的遠
山，在湍急的溪流聲中格外寧靜。曉雲法師愛畫梅花，取其清香高潔不畏嚴
寒，常以梅花入禪畫，尤其是《雪夜梅花初放》（附圖 16）將經由六根「眼耳
鼻舌身意」之「鼻根」寫入禪畫的頓悟經驗，乃取自明代憨山大師山居詩：

　　　雪裡梅花初放，深夜暗香飛來，正對寒鐙獨坐，忽將鼻孔衝開〔註83〕

李蕭錕教授指出：「這不是一首詠梅詩，而是禪者山居生活靜坐的心得報告。……
梅香固然重要，但禪師禪定之後的『放空一切』，梅香方能透過六根，衝開障礙，
除去久積的染垢。」〔註84〕曉雲法師在憨山詩題之後歎曰：「此句禪詩乃如人飲
水耶」，便是禪宗所強調的自參自悟，藉著詩句「忽將鼻孔衝開」之頓悟，「剎
那間，鼻根茅塞頓開，同時觸動另五根，六根互用，故能一掃陰晦，而得六根
整體清淨」。〔註85〕藉著禪詩與禪畫的結合烘托出極幽靜生活中強烈的心靈動
感，尤其是「忽將鼻孔衝開」詩句所開拓出的意境，乃禪宗頓悟思想的體現。

　　東傳到日本的禪宗，對日本繪畫藝術各方面亦產生極大的影響，「帶有一
種孤高、清幽、枯淡的禪風情趣」，〔註86〕尤其是馬遠的「一角體」與梁楷的

〔註81〕俞劍華標點，《石濤畫語錄》附錄石濤題畫選錄十七，北京人民美術出版社，
　　　　1959 年版。
〔註82〕陳滯冬，《中國書畫與文人意識》，吉林教育出版社，1992 年版，頁 53。
〔註83〕比丘道古輯，《緇林尺牘·高僧山居詩》，台北廣文出版社，1979 年版，頁 179。
〔註84〕李蕭錕，〈靜契曉雲導師「雪夜梅花初放」禪畫淨地〉，引自《華梵鐘聲》第
　　　　16 期第 2 版，2003 年 3 月 20 日。
〔註85〕李蕭錕，〈靜契曉雲導師「雪夜梅花初放」禪畫淨地〉，引自《華梵鐘聲》第
　　　　16 期第 2 版，2003 年 3 月 20 日。
〔註86〕町田甲一，《日本美術史》，上海人民美術出版社，1988 年版，頁 237。

「簡筆」畫法，產生極大的影響力，發展出不均齊、不對稱、簡單、貧乏、枯寂等禪美學的風格。在日本文化的各方面，禪的影響幾乎無所不在，尤其是在庭園設計、茶道、建築、戲劇、音樂等方面，影響尤鉅。

如以庭園爲例，我們看日本的禪宗庭園（參考附圖 9），無不經過人的心靈的培植與佈置。把人內心的德性，融入外在的自然庭園之中，在庭園中彰顯人內在的生命秩序，自然仍屬自然，更能提供作爲生命的休憩與安頓。

美國學者貝拉在其名著《德川宗教：現代日本的文化淵源》一書中提到：

> 日本家庭住宅無論多麼狹小，都曾是傳統式的一件藝術品。這種家
> 庭住宅擁有一個庭院，雖然小巧玲瓏，卻內涵了一種生活方式，他
> 考慮到將深深植入日本精神裡的四季變化納入住宅建築中。〔註87〕

這種不離自然的居住要求，其內在精神仍來自於禪的影響，使其生活中隨處皆可顯現出對自然四季的觀照，這種觀照透露出一種永恆寧靜的禪的氣息。

日本的枯山水以龍安寺的石庭最有代表性，實際上是一種象徵主義，以簡素的砂石、苔蘚等來表現大自然中的山水，枯山水庭園所要表現的正是一種超現實、禪的境界。〔註88〕

總之，受到禪宗思想影響之下的美學風格，禪畫的風格表現可以下幾種特點概括：

一、以人間世相百態爲體裁。

二、抒發創作者的主觀心靈。

三、以含蓄朦朧淡遠爲審美理想。

四、以簡樸、古拙、不受拘束爲創作風格。

〔註87〕 貝拉，《德川宗教：現代日本的文化淵源》，北京三聯書店，1998 年版，頁 11。

〔註88〕 柳田聖山，〈禪與日本人的審美意識〉，引自《名家說禪》，上海社科院出版社，2002 年版，頁 257。

第七章　結　論

　　本文是接續筆者的碩士論文《錢穆「文化學」思想初探》的研究之後，在博士班階段進一步在文化哲學領域中扣緊「宗教」、「美學」、「藝術學」等相關學門中，作一個縮小範圍的嘗試性研究，因此從題目上看來似乎是大題目，但從研究過程來看，則已經是縮小視野關注於宗教、哲學、美學、藝術學等課題之意義與價值及其間的互動關係。這是沿著研究者過去的學思脉絡，進一步的學術探索，這是本文研究背景之一，必須先作説明。

　　目前禪美學研究，多偏重在文學藝術創作方面或宗教意義上的探討，從文化哲學、文化整體觀角度的研究，似乎較少，本文嘗試以宏觀的角度來探究禪宗美學的基本思想及其特色，尤其是禪宗哲學對其美學風格的形成發揮了決定性的作用，影響到禪宗美學的審美特性與價值的追求，進一步對中國唐朝以後美學的發展發生全面性的影響。

第一節　禪宗美學的現代性意義

一、西方美學意義的衝擊

　　「美學」一詞的正式成立，雖遲至十八世紀德國哲學家鮑姆嘉登所創立，其成立之意義顯示出「美學」學科之重要性，必須從哲學研究中獨立出來，作更專門而有系統的研究，但不表示在此之前無「美學」、沒有美學領域的研究，或者認爲在此之後就有「美學」的成立。〔註1〕廣義上的「美學」包含著

─────────────────
〔註1〕　亦有持不同意見者，如英國美學家鮑桑葵於其《美學史》鮮少提及東方藝術

美感經驗、審美意識、藝術學、藝術理論、藝術批評等方面的研究，這些研究與美學觀點散見於東西方古典學術著作之中，美學史的研究即針對這些零散而重要的美學觀點作重點而貫串的工作，形成各種美學流派，處於今日的美學研究更不可能無視於西方美學意義所形成的價值影響，與其對文化審美精神產生引導的作用。當代詮釋學強調的「視域的擴大與融合」，藉由西方美學理論的對比研究，正足以擴大認識的層面與深化對禪宗美學的認識。

對「美」的研究，最重要的仍然來自人類內心對「美」的渴求，「沒有人不憧憬美」，〔註2〕美是屬於全人類所共同關心的經驗意識。對美的渴望，植根於人性的深處，審美觀念的產生，可溯源於遠古人類。〔註3〕

早在兩千多年前，佛陀即以「拈花微笑」說法，從一朵花所示現的消息，說明生命存在的整體意義。此種整體存在意義的體驗，包含親身參與的歷程，這是一種內化的過程，所謂感受、體驗、參與與內化，即含藏強烈的美學性格。此一著名公案本身所具有強烈的美學意味，從充滿暗示的拈花動作，與無須語言的心靈微笑，更加強了禪宗在宗教與文化領域的美學性格。

「美學」（拉丁 Aesthetica；英 Aesthetics；德 Aesthetick；法 Esthetique），原本於希臘語 aisthesis，感覺或知覺之義，〔註4〕乃指憑感官可以感知。美學之萌芽可溯源於希臘時代，荷馬史詩中對「勇氣」、「榮譽心」的尊重，乃是以後作為美的概念而發展的「崇高」、「大」等內在意識的初始。西元前七世紀，抒情詩人們發展了「優美」、「可愛」等美的概念，開拓了從感情和情緒上把握美的道路；到了西元前五世紀，雅典的三大悲劇詩人的作品，充分顯示出對精神美、內在美的自覺，在審美意識中注入了倫理價值，美與善逐漸合流。〔註5〕甚至到了十九世紀尼采曾以「酒神精神」與「日神精神」說明希臘藝術的美學特色，並認為後來「酒神精神」的被排除，導致希臘悲劇文化精神的衰落。〔註6〕

蘇格拉底因藝術對心靈的影響而承認其人生價值，蘇格拉底經由對「美」

美學，主要原因是東方藝術「這種審美意識還沒有達到上昇為思辨理論的地步」，參見鮑桑葵，《美學史・前言》，北京商務印書館，1987年三刷，頁2。
〔註2〕今道友信主編，《美學的方法》，北京文化藝術出版社，1990年版，頁15。
〔註3〕單世聯，《西方美學初步》，廣東人民出版社，1999年版，頁3。
〔註4〕馬采，《哲學與美學文集》，廣東中山大學出版社，1994年版，頁227。
〔註5〕竹內敏雄，《美學百科全書》，湖南人民出版社，1988年版，頁1。
〔註6〕蔣孔陽、朱立元主編，張玉能、陸揚、張德興等著，《西方美學通史》第五卷〈十九世紀美學〉，上海文藝出版社，1999年版，頁17。

的相對性之闡明，強調「美」與「善」的統一。〔註7〕柏拉圖則不然，認為藝術是描摹自然影像而貶斥之，純粹的美是居住於純粹形式的世界，乃萬象的永久範本，即所謂的「理念」。〔註8〕

　　柏拉圖在其著名的《大希庇阿斯》篇中，透過希庇阿斯與蘇格拉底的對話，澄清美的定義，逐步排除有形的事物、適當、或引起快感的東西，最後結論是「美是難的」，這也指出美是屬於本質、理念等形上本體論的課題，美成為哲學探討的對象。

　　亞里斯多德以人具有模仿的本能，和從模仿中獲得知識及快感等觀念建構了其美學體系。藝術家的模仿，不是對現實的抄錄或複製，而是對現實的解釋和再現，是從對個別事物的模仿中再現了某類事物的理想型態。從這個觀點，亞里斯多德引申出「詩比歷史是更哲學的、更嚴肅的，更具有普遍性。（《詩學》第九章）另外，由於亞里斯多德在《詩學》第六章中定義「悲劇」時說出：「『悲劇』借引起憐憫與恐懼來使這種感情得到淨化」，〔註9〕使「淨化」一詞成為美學史上探討審美效果最重要的功能之一。在佛教禪宗美學上，我們可以發現「禪宗詩歌」獲得極為蓬勃的發展，「淨化」的觀念也與佛理結合而受到極大的重視！在亞里斯多德的美學體系與禪宗美學思想之間，或許存在著某些相類似的理論，留待未來進一步的比較研究。

　　著名美學家宗白華先生認為：

　　　亞理士多德的悲劇論從心理經驗的立場研究藝術的影響，不能不說是美學理論上的一大進步，雖然他所根據的心理經驗是日常的。他能注意到藝術在人生上淨化人格的效用，將藝術的地位從柏拉圖的輕視中提高，使藝術從此成為美學的主要對象。〔註10〕

〔註7〕　朱光潛，《西方美學史》（上），台北漢京文化公司，1982 年版，頁 23。

〔註8〕　宗白華，《藝境》，北京大學出版社，1987 年版，頁 67。

〔註9〕　亞里斯多德，《詩學》，1449b24－28。亞里斯多德的「悲劇」定義如下：「悲劇是對於一個嚴肅、完整、有一定長度的行動的模仿；它的媒介是語言，具有各種悅耳之音，分別在劇的各部分使用；模仿方式是借人物的動作來表達，而不是採用敘述法，借引起憐憫與恐懼來使這種情感得到淨化。」鮑桑葵在其《美學史》（北京商務印書館，1987 年版，頁 85。）曾作詮釋性的意譯：「悲劇是一個高貴的和本身完備的情節的再現（直譯就是模仿品），具有可以感知的規模，用具有特殊魅力的語言寫成，在各部分採用不同種類的吐發方式，通過表演者而不是利用敘述方式展開，並且依靠（刺激）憐憫和恐懼心理，使那種性質的情緒得到宣洩而減緩下來。」（張今先生譯）

〔註10〕　宗白華，《藝境》，北京大學出版社，1987 年版，頁 71。

由於亞里斯多德的主張，提昇了藝術與美學在人生中的價值。但另一方面，亞里斯多德的「模仿說」影響了西方文藝美學近兩千年，造成了西方文藝重視精確性與逼眞性的特質，藝術家主體情感被限制在事物的邏輯層次與經驗世界，「無法向超邏輯與超經驗世界飛翔」，〔註11〕直到盧梭（西元 1712～1778年）的出現，使西方美學的發展發生重大的轉折，盧梭認爲藝術不應是只是對經驗世界的描繪或複寫，而是情感和感情的流溢。〔註12〕

西元 1750 年，「美學」正式由德國哲學家鮑姆嘉登創立，即命名爲「感性學」（Aesthetica），〔註13〕包括：直觀的具體表象、感受、情緒、想像、虛構等五種感性認識，並列舉「豐富」、「偉大」、「眞」、「光輝」、「似有理的」，作爲感性認識自身完整性的要素。〔註14〕鮑氏認爲圓滿不外乎多樣性中的統一，部分與整體的調和完善。單個感覺不能構成和諧，美的本質在其多樣性統一裡的形式，它反映出客觀宇宙的完整性。

康德的美學理論提出「無目的的觀照」、「無關心的滿足」等審美態度，排除利害感，即所謂「純然淡漠」的態度去欣賞，才能產生美感。康德指出「同情」與「共感」對美的欣賞的重要性，審美的普遍性與概念無關，而是來自主觀上的「普遍贊同」。〔註15〕

黑格爾作美學史的演講時，即把「美」擴大到整個文化的領域，探討美的藝術，正式成爲一門「美的藝術的哲學」。〔註16〕隨著禪宗的擴大與影響力，禪宗美學亦受到中國文化各部門（其最明顯者如繪畫與詩歌）的重視，而產生具有禪宗美學精神的畫論與詩論，尤其是東傳到了日本，對日本文化發生全面的影響。

二、近代中國美學的蓬勃發展

中國美學的傳統，從《詩經》「詩言志」最著名的美學命題中，即傳達出「藝術乃情感的表現」的美學思想，這與古希臘亞里斯多德認爲「藝術是對自然的模仿」的說法，正好形成鮮明的對比，這也是中西美學不同的特徵。

〔註11〕 金登才，《中國動態的藝術哲學》，上海社會科學院出版社，1991 年，頁 2。
〔註12〕 卡西爾，《人論》，上海譯文出版社，1985 年版，頁 178。
〔註13〕 鮑姆嘉登，《美學》，他說：「美學是關於感性認識的科學。」
〔註14〕 竹內敏雄主編，《美學百科辭典》，湖南人民出版社，1988 年版，頁 37。
〔註15〕 蔣孔陽，《德國古典美學》，北京商務印書館，1997 年版，頁 73。
〔註16〕 黑格爾，《美學》，北京商務印書館，1994 年版，頁 4。

形成中國美學重「情」的傳統，這在世界美學思想史上是獨樹一幟的，並且
表現為強調「情與理的統一」、「認知與直覺的統一」、「人文與自然的統一」
等美學精神與特色。〔註17〕

美學在近代中國的發展，以王國維、梁啓超、蔡元培三人為例，其美學
思想受到康德、黑格爾、叔本華哲學美學的影響，無不蘊含著啓蒙的精神，
〔註18〕以美學啓蒙達到改造國民性、富國強國、建設新中華的目標。這是針
對清朝以來，過度強調「善」的價值，以達到帝王專制的目的，相對地否定
了「真」與「自然」，也限制了「情感」的發展，所有的藝術都顯得非常安
靜，似乎要降低所有的感覺，逐步走向高度的幻想，導致「抽鴉片」成為清
朝民眾最具象徵特色的活動。辛意雲教授指出，清朝「一切活動的終極，都
是以政治的掌握與穩定為唯一的目的」，〔註19〕人們循規蹈矩，一切以清朝
所標榜的價值為現成的標準，系統化與規格化驅除了人們內心的騷動，以求
全然的寂靜，方能達到政治上的穩定。中國美學「原本奔騰活躍如黃河、長
江的生命力，在層層緊箍的限制中，化成一圈圈靜謐的湖泊，像西湖悄悄地
掩映在淡綠的柳絲垂蔭中。」〔註20〕

中國近代的啓蒙美學，大聲疾呼吶喊著要打破這「寂靜的春天」，〔註21〕
康有為著《廣藝舟雙楫》，大力提倡北碑，認為安靜秀美的陰柔之美，已不足
以呈現新時代的美，希望為時代注入魏碑充滿遒勁的生命力與豪邁粗曠的精
神；〔註22〕王國維的境界美學，將叔本華的悲觀哲學，融入其文學小說戲曲

〔註17〕 李澤厚、劉綱紀，《中國美學史》（先秦兩漢編），安徽文藝出版社，1999年版，
頁25。
〔註18〕 陳偉，《中國現代美學思想史綱》，上海人民出版社，1993年版，頁3。
〔註19〕 辛意雲，〈寂靜的春天 —— 清朝的藝術〉，引自《藝術貴族》雜誌，1991年八
月號第20期，頁80。
〔註20〕 辛意雲，〈寂靜的春天 —— 清朝的藝術〉，引自《藝術貴族》雜誌，1991年八
月號第20期，頁81。辛先生在此文的結論指出：「中國在清政府精巧的高壓
統治下，一切的發展都是體制內的發展。舉凡學術、文化、藝術的一切活動
也都是中國原有事物中的再咀嚼。雖然有些作品較之以往有了更成熟更精絕
的表現，然而有些卻成了糟柏。『美』確實是清政府想追尋的，只可惜他將中
國化成了無聲而寂靜的春天。」
〔註21〕 辛意雲，〈寂靜的春天 —— 清朝的藝術〉，引自《藝術貴族》雜誌，1991年八
月號第20期，頁79～81。
〔註22〕 最著名的後繼者如：于右任寫〈龍門二十品〉、孫中山臨〈張黑女碑〉，李叔
同臨〈張猛龍碑〉，皆自成一格。

美學；梁啓超重視藝術之審美趣味與情感教育的功能，以達到文藝改善社會的目的，深具革命意識；蔡元培鑒於東西方宗教之弊端，提出「以美育代宗教」的說法，希望從美育入手以達到新的世界觀教育的目的。

從上述中國現代美學啓蒙大師的理論主張，已經透露出全新的人生價值與生命理想，如康有爲提倡壯美的愛國主義情操、梁啓超重視趣味情感教育、王國維的借助審美以達到人性拯救〔註23〕、蔡元培以美育代宗教的設計等，都是中國美學邁向世界的先聲，已經預告了中國美學多采多姿的豐富面向。

中國現代美學在「救亡」的壓力下，「啓蒙」成爲現代美學的主旋律，特別強調美學的社會政治功能。他們的立論，似乎已經預設了傳統與宗教的一片黑暗，急待啓蒙的光芒。在內憂外患的衝擊下，中國現代美學被賦予過多的宣傳功能與改善社會的責任，矯枉過正地偏向於「啓蒙心態」，在「向西方尋求眞理」的過程中，過多地強調「民主」與「科學」的價值，而忽略了文化多方面的整體發展，造成中國現代化的諸多困境，常受到「啓蒙心態」作用之影響下，所衍生出來的相關問題。

在近二、三十年來，「啓蒙心態」已頗受到學術界的質疑，而代之以文化多元論的新思潮。〔註24〕從文化認識的重視到文化自我意識的建立，已經逐步釐清中國現代美學的首要工作，在於重建中國人的美學自我意識。

到了中國現代美學巨擘朱光潛提出「靜穆和諧」的美學觀，要求人心淨化、人生藝術化，強調審美的距離，跳脫利害與實用的枷鎖，這可說是中國美學精神的覺醒。朱光潛一方面繼承王國維的美學研究路向，並進一步發揚光大，釐清審美與道德的界限，尋求中西美學的融合，另一方面則調整蔡元培「以美育代宗教」的主張，提倡以出世的精神作入世的事業，有意識地把審美提昇到宗教的終極關懷境界。

自從朱光潛所建立典範式的研究模式，中國美學研究一方面著眼於宏觀的人生，另一方面則更深化地針對各領域的專精研究，逐漸擺脫「啓蒙」或「救亡」心態的陰影，不再淪爲政治宣傳的工具。這是一個可喜的現象，象

〔註23〕王國維在其《教育偶感四則》認爲：「我國人之嗜鴉片也，有心理的必然性，與西人之細腰，中人之纏足，有美學的必然性無以異。不改制服而禁纏足，與不培養國民之趣味而禁鴉片，必不可得之數也。」在《去毒篇》提到：「禁鴉片之根本之道，除修明政治、大興教育以養成國民之知識與道德外，尤不可不於國民之感情加之意焉。」

〔註24〕余英時，《歷史人物與文化危機》，台北東大出版社，1999年版，頁7。

徵著現代中國美學的發展，正蓬勃而正常地展開，本文以「禪宗美學」為研究課題，即是要從文化的觀點與立場，回歸現實人生，正視人生問題，重視生命的終極關懷，尤其是現代價值混亂，正需要努力汲取古人的生命經驗與智慧結晶，作為現代人安頓身心與重建生命秩序的憑藉。

第二節　文化危機中的美學省思

反觀由於西方現代物質文明高度發展成為現代文明的主流文化，產生了種種文化危機及文明病，如環境污染破壞、人的機械化、異化、人的精神分裂等，導致焦慮不安、抑鬱和絕望，這種心靈空虛與迷惘的病狀，一再地襲擊著現代人。

西方人在面對全球化的人類文化活動時，逐步對自身文化進行反思，所有的關懷逐漸凝聚成為共識，亦即：「現代生活世界的危機」，反映此種危機意識著名的例子如：盧梭率先提出，科學導致人類的敗壞；相對於培根「知識就是力量」的口號，康德提出「德性就是力量」；存在主義者所指出的一種「恐怖不安之情」；〔註25〕海德格認為人（此在、生存）的基本存在方式是「被拋入的設計」，全是偶然的；法蘭克福學派指出：發達的資本主義社會，從「技術異化」與「大眾異化」兩方面的發展，造成個體的消滅，每個個體成為技術系統中的中性環節，扮演大眾消費系統中無個性的大眾成員。〔註26〕

面對這種種存在危機，各家各派無不尋求解決之道：如海德格認為，人的特殊性就是賦有語言，「語言是存在之家」，人唯有透過哲學思維與藝術詩作，以維護這個家。而法蘭克福學派將「新感性」、「審美之維」作為拯救西方精神危機之方。面對這種精神危機，孫志文神父在其《現代人的焦慮和希望》一書中提到：

> 我們生活在一個劇變、動盪和革命的時代，我們的生活方式、人生
> 哲學都有了激變。我們目睹古老文化傳統的碎裂，以及完全不同的
> 思想流入。我們得在一個全球性通訊的以及無止境的思想多元化的
> 世界尋求我們自己。我們被捲入各種不同的世界觀相互衝突的旋風

〔註25〕勞思光，《存在主義哲學》，香港亞洲出版社，1959 年版，頁 6。
〔註26〕余紅，〈個體啟蒙與藝術自主〉，出自《藝術與精神》，北京社科文獻出版社，
　　　　2000 年版，頁 219。

裡，我們渴望對這個世界及我們自己有更深刻的理解，卻不知道何
去何從？」〔註27〕
很生動地刻畫出現代人精神上無家可歸的焦慮心理狀態，正如德國現代哲學
家卡爾·雅斯培所「感覺我們這個時代正經歷一場可怕的災難，所有文化傳
統都被扔進一個大鎔爐，可是新文化大廈的結構卻還沒有清楚顯現出來」，
〔註28〕我們面對的是一個新的世界，人類逐漸形成新的世界觀。

西方化、機械化、物質化等文化主潮洶湧而來，現代人的生活不知不覺
中已經淹沒在西方文化潮流之中，這股文化潮流裡展現出一種無限向前的精
神，驅使著現代人在「物世界」無窮的追求，引發無窮的煩惱與弊端，西方
存在主義美學的興起，即是對自身文化危機所作的反思；而精神分析從佛洛
依德到佛洛姆理論的轉變，意味著其發展正趨向於追求禪宗式的「泰然狀
態」，藉以克服存在的疏離，達到物我合一、絕對自由的開悟境界。〔註29〕禪
的意義與價值日漸受到西方世界的重視，誠如鈴木大拙的老師釋宗演在其名
著《一個佛教僧正的法話集》書中所說：

> 在工商文明的今日，大部分人甚少有時間接觸精神文化。他們可
> 以說根本不知道還有永恆價值的事物存在。他們的心如此糾纏於
> 日常生活的瑣屑之中，以致他們覺得要想免除這些事物不斷的干
> 擾是極端困難的。他們每天從一成不變的工作崗位回家之後，還
> 有許許多多讓他們興奮的事，迫他們去做，以致他們本已虛耗的
> 神經系統消耗殆盡。因此他們不早死，也會處於精神紊亂和精神
> 崩潰的痛苦之中。他們似乎從不知道安息的福祉。他們似乎沒有
> 能力過內在的生活，並在其中發現永恆的愉悅之源。生命對於他
> 們不過是一個沉重的負擔，而他們的任務就是背負這個重擔。因
> 此禪的福音，如果他們能真心誠意去奉行，就必將成為他們天國
> 般的至福。〔註30〕

〔註27〕 孫志文，《現代人的焦慮和希望》，北京三聯書店，1995年版，頁1。
〔註28〕 孫志文，《現代人的焦慮和希望》，北京三聯書店，1995年版，頁3。
〔註29〕 佛洛姆發現佛洛依德純從人的心理內部分析本能與理性、潛意識與意識的關
　　　　係及其矛盾，存在著侷限性，因此他從社會、歷史角度看待人的心理狀態，
　　　　分析意識與無意識的性質，獲得重大的突破。參見鈴木大拙、佛洛姆，《禪與
　　　　心理分析》。
〔註30〕 王敏華，《中國詩禪研究》，廣西師範大學出版社，1997年版，頁134。

相對於西方文明高度發展所附帶來的極其緊張的生活，禪所提供的般若智慧與寧靜，自然受到普遍的歡迎。

　　自從第二次世界大戰以後，日本禪學大師鈴木大拙用英文向西方學術界介紹禪學，也促使東西方興起禪學研究的熱潮，這是東西方面對逐漸合流的文化危機所作的共同努力之一，也使「禪」被西方學者視為人性分裂的補償、精神危機的拯救，尤其是當德國現代哲學家海德格閱讀了鈴木大拙的禪學著作之後，深深引以為知己，〔註31〕更可映證東西方哲學思想界尋求人類思想未來出路所共同關注的問題。李澤厚先生在其〈莊玄禪宗漫述〉一文中也提出他的觀點：

> 禪之所以為現代某些學者所注意和研究，則在於它幫助人們反對高度異化的現代資本主義社會生活（如機械化、抽象化、標準化等等），擺脫人成為資本、商品的奴隸，以及科技工藝的知性奴隸和消費色情等感性奴隸，使個體自我獲得啟悟、不被淹沒等方面，能有一定啟發的緣故。〔註32〕

李先生的觀點針對禪宗對主體性的重視，正足以克服現代科技文明所產生的諸多弊病，使得禪宗引起中外學者高度的興趣，形成所謂「禪學熱」。在此熱絡的研究風潮之下，也使禪學研究更深刻化而具反省力，這些研究概況已於第一章第二節「前人研究成果」部分說明。

　　現代人所面對的並非只是單一的物質環境的破壞、社會政治制度的對抗，或精神焦慮失常的苦楚，而是涵蓋整個文化各階層全面性的困境。尤其是經過現代科學技術的發展，交通資訊的發達，已使以前各自發展的民族文化連結為具有命運共同體的整體，因此尋求解決之道，不可能僅由單方面的經濟問題、社會問題，或精神治療著手，必須經由全面性、整體性文化意識的重建，包括危機意識的認知、文化意義的追求、文化價值的重整、回歸真實的自我，逐步落實到健全社會的建立，這些問題的核心與禪所深切關心的課題是一致的。慧能初見弘忍時所說的「不求餘物，唯求作佛」，即是只求成佛，就是要獲得覺悟解脫，這便是慧能禪學的終極理想。〔註33〕

〔註31〕鈴木大拙，《禪與生活》，台北志文出版社，1974 年版，頁 13。

〔註32〕李澤厚，《中國古代思想史論》，台北漢京文化公司，1987 年版，頁 208。

〔註33〕邢東風，〈慧能禪宗思想的三個問題〉，引自台北華梵大學《第七屆儒佛會通暨文化哲學學術研討會論文集》，2003 年版，頁 455。

　　誠如榮格在〈現代人的心靈問題〉一文中對東西方文化交流的評論，他說：

　　　當我們正在用工業成就把東方人的世界搞得天翻地覆的時候，東方
　　　人也在用精神成就把我們的精神世界弄得狼狽不堪。〔註34〕

正當西方文化以其無限向前的精神，追求物世界的無窮奧秘，陷入莊子所謂
「以有涯逐無涯」的無限蒼茫之際，東方的禪宗經由鈴木大拙等人的介紹傳
入西方世界，對西方人的精神世界造成極大的吸引與衝擊，因此也顯得更具
深入研究的價值。

　　心靈問題爲東方哲學之核心，更爲佛教之所擅長，〔註35〕佛教之修持方
法中無論是「三學」、「八正道」、「三十七菩提分」或「六度」，都以回歸個人
自力修持爲主，迥異於西方文化中之上帝信仰或外力崇拜，其中又以「禪」
爲佛教的修持方法中之最重要者。修禪定之基本功用在於對治世俗之慾望與
煩惱，覺悟佛理，乃至於獲得神通。

　　禪宗經典《六祖壇經》即針對「迷」與「悟」、「煩惱」與「菩提」的深
入追問探究，〔註36〕作爲其修行上最重要的工作，身處現代文化危機衝擊的
現代人，通過五光十色的文化交流與衝突中所產生的各種迷惑與困頓，千百
倍於古人所面臨的問題，要如何超脫這些迷惑與困頓呢？本文所要探討的主
題：「禪宗美學研究」，即是立基於佛教教理與禪宗法門，研究其理論與提揭
的眞理，能否對治現代人所面臨的文化困境？是否爲人類文化提供一套安身
立命的解救藥方？能否從提昇現代人的審美情操與美學反思中，提供人類未
來文化發展一些的參考憑藉，經由汲取禪宗的美學智慧，進一步豐富現代人
類文化的內涵。本文並無意於誇大禪宗研究之價值與崇高性，乃期望在此多
元文化研究的潮流中，以此研究作爲拋磚引玉式的注目，希望引起學界、文
化界更多的重視與討論。

〔註34〕榮格，《人・藝術和文學中的精神》，工人出版社，1988 年版，頁 66。
〔註35〕杜繼文，〈禪・禪宗・禪宗之禪〉，引自《禪學研究》第三輯，江蘇古籍出版
　　　　社，1998 年版，頁 2。杜先生認爲，佛教以「緣起」爲其基本教理，以「業
　　　　報」爲基本信仰，「緣起」實爲「業報」的理論型式，「業報」才是佛教之主
　　　　體信仰。「業報」之「業」包括「身、口、意」，指人之思想行爲，一定的思
　　　　想行爲產生一定的結果，稱之爲「報」，思想支配行爲，故「意」在諸業中時
　　　　起決定性作用。心識的作用實爲佛教所最重視者，亦爲解脫的主體與動力。
〔註36〕慧能大師曰：「前念迷即凡夫，後念悟即佛。前念著境即煩惱，後念離境即菩
　　　　提。」參見《六祖壇經》〈般若品〉第二。

　　隨著生態環境保護意識的抬頭，更多的學者提出與禪宗相類似的看法，如美國生態保育學者諾爾曼（Jim Nollmann）指出：

> 環境的危機是起自我們每個人的內心，只要我們調整內心與自然的關係，即可改進此種危機。〔註37〕

這與禪宗討論問題時，直探心源的態度，有異曲同工之妙！

　　現代的禪學大師鈴木大拙〈禪的意義〉一文中指出「禪」的基本目標：

> 禪本質上釋洞察人生命本性的藝術，它指出從奴役到自由的道路……可以說，禪把蓄積於我們每個人身上的所有能量完全而自然地釋放出來，這些能量在通常環境中受到壓抑和扭曲，以致找不到適當的活動渠道。因此，禪的目標乃是使我們免於瘋狂或畸形。這就是我所說的自由，即把所有蘊藏在我們心中的創造性的與仁慈的衝動都自由發揮出來。我們都具有使我們快樂和互愛的能力，但通常對此卻視而不見。〔註38〕

鈴木大拙在詮釋「禪」的精義時，並未侷限在禪宗教義所重視的禪定修行上，而是從美學與人生、人的生命存在狀態著眼，點出禪的創造性與其所開發出的自由，這正是現代人最重視而不易達到的境界。面對人心種種壓抑和扭曲，或者是人本性中悅樂與互愛能力的喪失，從佛學的觀點看，都是清淨心受到染污，為無明煩惱所擾，如何超脫染污煩惱，則必須建立正知正見，以達到完全開悟解脫的境界，而這正是禪宗美學的終極關懷。

　　日本的今道友信教授在《東方的美學》一書的結論，特別反省到西方樣態哲學的危機，對現代自動化的機械世界進行哲學思考，他說：

> 在今天的社會上，想像力（imagination）對於鄰里間的互相幫助也是很重要的。人的惻隱之心是仁的開始，別人陷於苦難時，和他共感情的同情心，是不同於愛情的對他人的愛的開始。現今的世界已經實現了自動化，空間距離已經被現代的通信和交通機構征服，鄰里的範圍擴大了，看不見的鄰人勢難以數計的。看不見的鄰人的苦難是看不見也聽不到的，如果不能以直感觀察到而置別人的苦難於不顧，從邏輯上說就是拋棄因技術發展而增多了的鄰里。為了把看

〔註37〕沈清松，《簡樸思想與環保哲學》，台北立緒文化公司，1997年版，頁3。

〔註38〕鈴木大拙、佛洛姆、馬蒂諾，《禪宗與精神分析》，貴州人民出版社，1998年版，頁137。

不見的鄰人的苦難看作是自己的苦難，爲了同情他們，想像力也是必要的。由是，對側重意象、側重想像力的東方美學進行研究，在邏輯上也是爲了對社會作出眞正的貢獻。因此我不能不這樣認爲，努力學習和研究東方美學不單單是爲了藝術和美學本身，就是在認識和存在的根據以至道德的個個領域裡，在使哲學進行新的躍進上，也是必要不可缺的，特別是今天。〔註39〕今道友信教授強調對東方美學研究的重要性，並擴大到知識論與倫理學意義的領域，他甚至認爲「近代以來一直把美學看做是哲學的一個分科的挑戰，是把美學當作是一種應用學科的挑戰，但這不是無用的挑戰，是爲了使哲學克服並超越現代的危機，是在哲學性思考內部進行必要的結構改革」。〔註40〕

當代著名的國學大師錢穆先生在其文化學重要著作《人生十論》中也提到：

現代歐美傳來的新人生觀，中國人正在熱烈追求。但要把西方的和中國的兩種人生觀亦來融化合一，不是一件急速容易的事。中國近代的風氣，似乎也傾向於向外尋求，傾向於權力崇拜，傾向於無限向前。但洗不淨中國人自己傳統的一種現前享福的舊的人生觀。要把我們自己的一套現前享福的舊的人生觀，和西方的權力崇拜向外尋求的新人生觀相結合，流弊所見，便形成現社會的放縱與貪污。形成了一種人欲橫流的世紀末的可悲的現象。

如何像以前的禪宗般，把西方的新人生觀綜合上中國人的性格和觀念，而轉身向宋明理學家般把西方人的融合到自己身上來，這該是我們現代關心生活和文化的人來努力了。〔註41〕

錢先生從文化與生活的角度，看到了現代中國人生活與人生觀的弊病，鄭重提出學習禪宗生活態度的主張；從文化交流的歷史過程中，錢先生看到了禪宗曾發揮了承先啓後的作用，扮演了重要的角色，並孕育出宋明理學燦爛光輝的哲學思想文化。錢先生這些觀點實在值得現代中國文化學術界的深思與重視。

〔註39〕今道友信，《東方的美學》，北京三聯書店，1991年版，頁279。
〔註40〕今道友信，《東方的美學》，北京三聯書店，1991年版，頁276。
〔註41〕錢穆，《錢賓四先生全集‧人生十論》，台北聯經出版社，1996年版，頁9～10。

　　本文以「禪宗美學」為主題，已含藏著關於禪宗美學研究與追求，受到宗教哲學對生命的終極關懷極大的影響，進而影響到對人間秩序全面性的安排，因此，可看出美育與宗教無須對立，亦無須替代宗教，美學更應汲取宗教精神以提昇其關懷的境界與層次，「禪宗美學」研究課題之提出，希望從文化學的角度，放眼於人類文化與生活，結合佛教禪宗對生命的終極關懷與美學審美活動的展現，作為蔡元培「以美育代宗教」〔註42〕觀點之進一步發展。

　　基於上述前提，本論文首先面對的問題是：立基於佛教哲理的禪美學，強調一切皆空，如何在反美學中建構禪美學？〔註43〕如鈴木大拙認為的，禪不斷地吸收了中國傳統人文精神，充實而有光輝，禪曾經多方面地提昇中國人在道德、知性與精神上的能力，現代的中國人更應重新審視這一份豐富的精神遺產。

　　本文的主題：「禪宗美學研究」，正是因應此一課題所作的深入探討，藉由禪宗美學的研究，從生活、文化與美學的思維角度，提出可供現代人參考的生活方針。第一章緒論說明研究動機及前人研究成果。第二章「禪宗美學概觀」，除了簡述禪宗美學的精神淵源與基本性格之外，以「無常之美」發端，禪美感經驗的呈現，乃是通過禪的剎那觀照，使「空性」在感性現象中頓現，作為本文研究問題的主軸，第三章探討禪與自然的關係，說明禪從自然中取境及其審美美直觀的誕生。第四章經由針對禪宗哲學與禪宗美學關係的探討，以《六祖壇經》為中心，建構禪宗美學的理論基礎。第五章探討禪宗美學對「美」的看法。第六章從回歸人的自然本性的過程中，探求禪宗美學的審美感受與生命境界，及其對藝術的影響。最後，第七章說明禪宗美學現世關懷的特色，勾勒出禪宗美學的文化反思。

　　禪在中國發展對中國人的生活各方面皆產生重大影響，禪美學的形上義，是一種渡到彼岸的形上意象，這種波羅密多式的文化思維，對中國人質實平靜的形象思考造成了巨大的影響，提供一套全新的視野，擴大了唐朝以後的中國人的生命經驗。這種新的生命經驗，來自於強烈的此岸彼岸觀的文化氛圍中，基於對生命深刻的體會，禪所使用的波羅密多，是直接針對受束縛的此岸，進行全然的解構，獲得了對空性的全然了悟。

〔註42〕另一個著名觀點如梁漱溟先生在其《中國文化要義》中提到中國文化的特色在於「以道德代替宗教」。
〔註43〕祁志祥，《佛教美學》，上海人民出版社，1997年版，頁1。

　　在這種全然了悟的前提下，禪提出了「不立文字」的主張，透過否定之否定的辯證方式，逐漸擺脫無始以來的無明，使生命達到澄明的境界，透過生活藝術化的過程中，凝練出生命永恆存在的樣態。禪走上追求形上美學的終極關懷，促使禪呈現生龍活虎般積極入世精神，而不容易落入儒家庸俗化之後的現前享福人生觀，也不會淪入道家道教化之後長生求仙的幻想，這是禪形上美學高明之處，值得現代中國人追求現代化過程中，做為建立新人生觀的參考。

　　藉由上述多方面的考察，可以瞭解到禪形上美學及其終極關懷，實扣緊著佛教對生命的終極體悟，其美學精神不同於英國美學家布洛所提倡的「心理距離說」及其所呈現的「適距美」，禪美學建基於佛教對生命整體究竟解脫下的任運自在，所流露出來生命圓融的整體美，不偏執於某些特殊藝術上的美感喜好，與其產生出特殊生命的執著，甚至悲劇，禪呈現的是「一無所住」的大自在的美。

參考書目

（一）參考佛教經典

1. 《方廣大莊嚴經》，《大正藏》，第三冊。
2. 《金剛般若波羅密經》，《大正藏》，第八冊。
3. 《般若波羅密多心經》，《大正藏》，第八冊。
4. 《維摩詰所說經》，《大正藏》，第十四冊。
5. 僧璨，《信心銘》，《大正藏》，第四十八冊。
6. 宗寶本《壇經》，《大正藏》，第四十八冊。
7. 敦煌本《壇經》，《大正藏》，第四十八冊。
8. 慧海，《頓悟入道要門論》，《大正藏》，第一百一十一冊。
9. 慧開，《禪宗無門關》，《大正藏》，第一百一十九冊。
10. 普濟，《五燈會元》，《大正藏》，第一百三十八冊。
11. 睢汝稷，《指月錄》，《大正藏》，第一百四十三冊。
12. 智顗，《釋禪波羅蜜次第法門》，台北大千出版社，1996 年版。
13. 《無關門淺註》，參見吳怡，《公案禪語》下篇，台北東大圖書公司，1988 年三版。
14. 《續指月錄》卷首，〈明州雪竇足庵智鑒禪師傳〉。
15. 《景德傳燈錄》，卷三十。
16. 普濟，《五燈會元》，北京中華書局，1984 年版。
17. 《楞伽師資記》，卷一。
18. 宗密，《禪源諸詮集都序》。
19. 《古尊宿語錄》卷四《鎮州臨濟慧照禪師語錄》)

20. 《中國佛教思想資料選編》，第一卷，北京中華書局，1984 年版。

21. 永嘉玄覺，《永嘉集・勸友人書》，引自《中國佛教思想資料選編》，第二卷第四冊，北京中華書局，1983 年版。

22. 《阿毘達磨俱舍論》，台北新文豐出版社影印佛教大系－12，1992 年版。

23. 鳩摩羅什譯，《大智度論》，新文豐出版社，1993 年版。

24. 唐・不空譯，《仁王護國般若波羅密多經》，大正藏第八冊，No. 246。

（二）參考學術著作

1. 丁福保，《六祖壇經箋註》，台南大千世界出版社，1984 年版。

2. 于谷，《禪宗語言和文獻》，江西人民出版社，1996 年版。

3. 元好問，《元遺山詩集》卷十，〈答俊書記學詩〉。

4. 太虛大師，《中國佛學特質在禪》，台北菩提印經會，1986 年版。

5. 方東美，《中國大乘佛學》，台北木鐸出版社，1987 年版。

6. 方聞，《心印》，上海書畫出版社，1993 年版。

7. 王世德主編，《美學辭典》，台北木鐸出版社，1987 年版。

8. 王進祥編，《中國美學史資料選編》，台北漢京文化公司，1982 年版。

9. 王敏華，《中國詩禪研究》，廣西師範大學出版社，1997 年版。

10. 王路平，《大乘佛學與終極關懷》，四川巴蜀書社，2001 年版。

11. 王海林，《佛教美學》，安徽文藝出版社，1992 年版。

12. 王志敏、方珊，《佛教與美學》，遼寧人民出版社，1989 年版。

13. 今道友信主編，《美學的方法》，北京文化藝術出版社，1990 年版。

14. 今道友信，《東方的美學》，北京三聯書店，1991 年版。

15. 中也孝次，《清貧思想》，台北張老師文化公司，1996 年版。

16. 巴壺天，《禪骨詩心集》，台北東大圖書公司，1997 年版。

17. 方立天，《中國佛教哲學要義》，北京中國人民大學出版社，2003 年版。

18. 日種讓山，芝峰禪師譯，《禪學講話》，台北文津出版社，1985 年版。

19. 史作檉，《藝術的終極關懷在那裡？》，台北水瓶世紀文化公司，2001 年版。

20. 石朝穎，《誰聽見我苦悶的心跳聲》，台北水瓶世紀文化公司，1998 年版。

21. 印順法師，《唯識學探源》，台北正聞出版社，1986 年版。

22. 印順法師，《淨土與禪》，台北正聞出版社，1986 年版。

23. 印順法師，《中國禪宗史——從印度禪到中華禪》，江西人民出版社，1990 年版。

24. 皮朝綱、董運廷，《靜默的美學》，成都科技大學出版社，1991 年版。

25. 皮朝綱，《禪宗美學史稿》，電子科技大學出版社，1994 年版。

26. 皮朝綱，《禪宗的美學》，高雄麗文文化公司，1995 年版。

27. 卡西爾，《人論》，上海譯文出版社，1985 年版。

28. 朱光潛，《西方美學史》，台北漢京文化公司，1982 年版。

29. 朱東潤，《中國文學論集》，北京中華書局，1983 年版。

30. 朱熹，《朱子語類》，北京中華書局，1994 年版。

31. 牟宗三，《佛性與般若》，台北學生書局，1989 年版。

32. 竹內敏雄，《美學百科全書》，湖南人民出版社，1988 年版。

33. 李志夫，《印度思想文化史》，台北三民書局，1995 年版。

35. 李澤厚，《美的歷程》，北京中國社會科學出版社，1992 年版。

36. 李澤厚，《華夏美學》，台北時報文化公司，1989 年版。

37. 李澤厚，《中國古代思想史論》，台北東大圖書公司，1998 年版。

38. 李澤厚，《中國美學及其他》，《美學述林》第一輯，武漢大學出版社，1983 年版。

39. 李澤厚、劉綱紀，《中國美學史》（先秦兩漢編），安徽文藝出版社，1999 年版。

40. 李淼，《禪宗與中國古代詩歌藝術》，高雄麗文文化公司，1993 年版。

41. 沈清松，《簡樸思想與環保哲學》，台北立緒文化公司，1997 年版。

42. 杜松柏，《禪與詩》，台北宏道文化公司，1980 年版。

43. 杜松柏，《禪學與唐宋詩學》，台北黎明文化公司，1978 年版。

44. 杜繼文，《中國禪宗通史》，江西古籍出版社，1993 年版。

45. 何文煥，《歷代詩話‧竹坡詩話》。

46. 吳平，《禪宗祖師──慧能》，江西人民出版社，1995 年版。

47. 吳永猛，《禪畫欣賞》，台北慧炬出版社，1990 年版。

48. 吳汝鈞，《遊戲三昧：禪的實踐與終極關懷》，台北學生書局，1993 年版。

49. 吳汝鈞，《中國佛學的現代詮釋》，台北文津出版社，1995 年版。

50. 吳怡，《公案禪話》，台北東大圖書公司，1979 年版。

51. 吳怡，《中國哲學的生命和方法》，台北東大圖書公司，1984 年版。

52. 吳經熊，《禪學的黃金時代》，台灣商務印書館，1969 年版。

53. 吳言生，《禪宗思想淵源》，北京中華書局，2001 年版。

54. 吳言生，《禪宗哲學象徵》，北京中華書局，2001 年版。

55. 吳言生，《禪宗詩歌境界》，北京中華書局，2001 年版。

56. 余英時，《歷時人物與文化危機》，台北東大出版社，1999 年版。

57. 余嘉錫，《世說新語箋疏》，上海古籍出版社，1993 年版。

58. 柏克，《崇高與美 —— 柏克美學論文選》，上海三聯書店，1990 年版。

59. 亞里斯多德，《詩學》，1449b24－28。

60. 町田甲一，《日本美術史》，上海人民美術出版社，1988 年版。

61. 貝拉，《德川宗教：現代日本的文化淵源》，北京三聯書店，1998 年版。

62. 林安梧，《中國宗教與意義治療》，台灣明文書局，1996 年出版。

63. 宗白華，《美學散步》，上海人民出版社，1981 年版。

64. 宗白華，《藝境》，北京大學出版社，1987 年版。

65. 周裕鍇，《中國禪宗與詩歌》，上海人民出版社，1992 年版。

66. 祁志祥，《佛教美學》，上海人民出版社，1997 年版。

67. 忽滑谷快天，朱謙之譯，《中國禪學思想史》，上海古籍出版社，1994 年版。

68. 金登才，《中國動態的藝術哲學》，上海社會科學院出版社，1991 年。

69. 阿部正雄，《禪與西方思想》，台北桂冠圖書公司，1992 年版。

70. 馬采，《哲學與美學文集》，廣州中山大學出版社，1994 年版。

71. 洪修平，《禪宗思想的形成與發展》，高雄佛光出版社，1991 年。

72. 洪修平、吳永和，《禪學與玄學》，浙江人民出版社，1992 年。

73. 范曄，《後漢書》第六冊，北京中華書局，1987 年版。

74. 胡遂，《中國佛學與文學》，湖南岳麓書社，1998 年版。

75. 胡適，《胡適說禪》，台北九儀出版社，1995 年版。

76. 胡適、鈴木大拙等，《禪宗的歷史與文化》，台北新潮社文化公司，1991 年版。

77. 保羅·韋斯（Paul Weiss）、馮·O·沃格特（Von Ogden Vogt），《宗教與藝術》，四川人民出版社，1999 年版。

78. 姜允明，《陳白沙其人其學》，台北洪葉文化公司，2003 年版。

79. 柳田聖山，《禪與中國》，北京三聯書店，1988 年版。

80. 柳田聖山，吳汝鈞譯，《中國禪思想史》，台灣商務印書館，1985 年版。

81. 柳田聖山，《禪的未來》，京都人文書院，1990 年版。

82. 俞劍華標點，《石濤畫語錄》附錄石濤題畫選錄，北京人民美術出版社，1959 年版。

83. 郁龍余編，《中西文化異同論》，北京三聯書店，1989 年版。

84. 徐林祥，《中國美學初步》，廣東人民出版社，2001 年版。

85. 徐復觀，《中國藝術精神》，台北學生書局，1984 年版。

86. 徐進夫譯，《禪的訓練》，台北天華出版公司，1980 年版。

87. 耕雲，《安詳禪》，台北中華禪學雜誌社，1995 年版。

88. 孫志文，《現代人的焦慮和希望》，北京三聯書店，1995 年版。

89. 孫昌武，《佛教與中國文學》，上海人民出版社，1988 年版。

90. 康德，《審美判斷力的批判》，引自《宗白華全集》（四），安徽教育出版社，1994 年版。

91. 陳榮波，《禪海之筏》，台北志文出版社，1986 年版。

92. 陳榮捷，《王陽明與禪》，台北志文出版社，1986 年版。

93. 陳偉，《中國現代美學思想史綱》，上海人民出版社，1993 年版。

94. 陳慧劍，《寒山子研究》，台北華新出版公司，1976 年版。

95. 陳沛然，《竺道生》，台北東大圖書公司，1993 年版。

96. 陳滯冬，《中國書畫與文人意識》，吉林教育出版社，1992 年版。

97. 張文勛，《華夏文明與審美意識》，雲南人民出版社，1992 年版。

98. 張永儁，《二程學管見》，台北東大圖書公司，1988 年版。

99. 張伯偉，《禪與詩學》，浙江人民出版社，1992 年版。

100. 張育英，《禪與藝術》，浙江人民出版社，1992 年版。

101. 張節末，《禪宗美學》，浙江人民出版社，1999 年版。

102. 梅堯臣，《梅堯臣集編年校注》，上海古籍出版社，1980 年版。

103. 黃夏年主編，《禪宗三百題》，上海古籍出版社，2000 年版。

104. 黃河濤，《禪宗與中國藝術精神的嬗變》，台北正中書局，1997 年版。

105. 郭朋，《壇經校釋》，北京中華書局，1997 年，第六刷。

106. 郭紹虞，《滄浪詩話校釋》，北京人民出版社，1983 年版。

107. 梶山雄一，《空入門》，台北佛光出版社，1996 年版。

108. 梁鴻飛、趙耀飛，《中國隨唐五代宗教史》，北京人民出版社，1992 年。

109. 梁漱溟，《中國文化要義》，山東人民出版社，1997 年版。

110. 勞思光，《存在主義哲學》，香港亞洲出版社，1959 年版。

111. 勞思光，《新編中國哲學史》，台北三民書局，1986 年版。

112. 普穎華，《禪宗美學》，台北昭文社，1996 年版。

113. 單世聯，《西方美學初步》，廣東人民出版社，1999 年版。

114. 覃召文，《禪月詩魂》，北京三聯書店，1994 年版。

115. 程至的，《繪畫‧美學‧禪宗》，北京中國文聯出版社，1999 年版。

116. 曾凡恕、曾輝，《中國藝術美學散論》，河南人民出版社，1992 年版。

117. 曾祖陰，《中國佛教與美學》，華中師範大學出版社，1991 年版。

118. 渥德爾，《印度佛教史》，北京商務印書館，1987 年版。

119. 黑格爾，《美學》，北京商務印書館，1979 年版。

120. 葛兆光，《禪宗與中國文化》，台北天宇出版社，1988 年初版。

121. 鈴木大拙著，葛兆光譯，《通向禪學之路》，上海古籍出版社，1989 年版。

122. 鈴木大拙著，謝思煒譯，《禪學入門》，北京三聯書店，1988 年版。

123. 鈴木大拙著，劉大悲譯，《禪與生活》，台北志文出版社，1974 年版。

124. 鈴木大拙著，孟祥森譯，《禪與心理分析》，台北志文出版社，1989 年版。

125. 鈴木大拙，《禪與心理分析》，民間文藝出版社，1986 年版。

126. 鈴木大拙著，孟祥森譯，《禪學隨筆》，台北志文出版社，1989 年版。

127. 鈴木大拙著，徐進夫譯，《禪天禪地》，台北志文出版社，1989 年版。

128. 鈴木大拙著，徐進夫譯，《鈴木大拙禪論集：歷史發展》，台北志文出版社，1989 年版。

129. 鈴木大拙著，徐進夫譯，《開悟第一》，台北志文出版社，1989 年版。

130. 鈴木大拙著，劉大悲譯，《禪與生活》，台北志文出版社，1974 年版。

131. 鈴木大拙著，李世傑譯，《禪佛教入門》，台北協志工業出版社，1971 年版。

132. 鈴木大拙著，耿仁秋譯，《禪風禪骨》，台北大鴻圖書公司，1992 年版。

133. 鈴木大拙著，林煌洲譯，《無限的慈悲》，台北法爾出版社，1991 年版。

134. 鈴木大拙，《禪者的思索》，台北大鴻出版社，1992 年版。

135. 鈴木大拙，《禪與日本文化》，台北桂冠圖書公司，1995 年版。

136. 鈴木大拙等著，《禪與藝術》，台北天華出版社，1994 年版。

137. 鈴木大拙、佛洛姆、馬蒂諾，《禪宗與精神分析》，貴州人民出版社，1998 年版。

138. 楊惠南，《佛教思想發展史論》，台北東大圖書公司，1993 年版。

139. 楊惠南，《禪史與禪思》，台北東大圖書公司，1995 年版。

140. 楊惠南，《禪思與禪詩——吟詠在禪詩的密林裡》，台北東大圖書公司，1999 年版。

141. 楊慶豐，《佛學與哲學——生命境界的探求》，台北頂淵出版社，1989 年版。

142. 楊惠南，《慧能》，台北東大圖書公司，1993 年版。

143. 逯欽立輯校，《先秦漢魏晉南北朝詩》，北京中華書局，1984 年版。

144. 榮格，《人·藝術和文學中的精神》，工人出版社，1988 年版。

145. 熊琬，《宋代理學與佛學之探討》，台北文津出版社，1985 年版。

146. 蔡元培,《蔡元培美學文選》,北京大學出版社,1983 年版。

147. 蔣孔陽,《德國古典美學》,北京商務印書館,1997 年版。

148. 潘知常,《生命的詩境——禪宗美學的現代詮釋》,杭州大學出版社,1993 年版。

149. 蔣孔陽、朱立元主編,張玉能、陸揚、張德興等著,《西方美學通史》第五卷〈十九世紀美學〉,上海文藝出版社,1999 年版。

150. 劉小楓,《詩化哲學》,山東文藝出版社,1986 年。

151. 劉小楓,《逍遙與拯救》,台北風雲時代出版社,1990 年版。

152. 劉勰,《文心雕龍》,台北開明書局,1975 年版。

153. 劉墨,《中國藝術美學》,江蘇教育出版社,1993 年版。

154. 劉墨,《禪學與藝境》,河北教育出版社,2002 年版。

155. 賴永海,《中國佛性論》,高雄佛光出版社,1990 年版。

156. 黎蘭,《牧谿繪畫研究》,台北漢光文化公司,1988 年版。

157. 曉雲法師,《禪畫禪話》,台北原泉出版社,1994 年版。

158. 曉雲法師,《中國畫話》,台北原泉出版社,1988 年版。

159. 曉雲法師等,《園林思想》,台北原泉出版社,1996 年版。

160. 鮑桑葵,《美學史・前言》,北京商務印書館,1987 年三刷。

161. 鮑姆嘉登,《美學》,北京文聯出版社,1982 年版。

162. 錢學烈,《寒山拾得詩校評》,天津古籍出版社,1998 年版。

163. 錢鍾書,《談藝錄》(增補本),北京中華書局,1984 年版。

164. 錢鍾書,《管錐編》,北京中華書局,1982 年版。

165. 錢穆,《錢賓四先生全集・中國文化史導論》,聯經圖書公司,1996 年版。

166. 錢穆,《莊子纂箋》,台北東大圖書公司,1986 年版。

167. 錢穆,《湖上閒思錄》,台北東大圖書公司,1988 年三版。

168. 錢穆,《錢賓四先生全集・人生十論》,台北聯經出版社,1996 年版。

169. 謝思煒,《禪宗與中國文學》,中國社會科學出版社,1995 年版。

170. 韓林德,《石濤與〈畫語錄〉研究》,江蘇美術出版社,1989 年版。

171. 韓鵬杰,《禪宗美學思想初探》,引自《法藏文庫・中國佛教學術論典・56 碩博士學位論文》,高雄佛光山文教基金會,2002 年版。

172. 羅大經,《鶴林玉露》。

173. 嚴雅美,《潑墨仙人圖研究——兼論宋元禪宗繪畫》,台北法鼓文化公司,2000 年版。

175. 覺範慧洪,《石門文字禪》,文淵閣四庫全書本第 1116 冊,台北商務印書

館，1983 年版。

176. 顧偉康，《禪宗六變》，台北東大圖書公司，1994 年版。

177. 顧偉康，《禪宗：文化交融與歷史選擇》，上海知識出版社，1993 年初版二刷。

178. 蘇浙生，《紅塵禪話》，江西人民出版社，1996 年版。

179. 釋聖嚴，《禪與悟》，台北東初出版社，1992 年版。

180. 釋聖嚴，《禪的體驗》，台北東初出版社，1988 年版。

181. Eugen Herrigel, "Zen in the Art of Archery", Torch of Wisdom Publishing, 2003.

（三）參考期刊論文

1. 久松眞一，〈禪的文化〉，載於《禪的藝術》一書中（《久松眞一著作集》五），東京理想社，1970 年版。

2. 王世德，〈禪宗與文藝美學相通的探索〉，出自《佛教研究》，1998 年版第 2 期，頁 90～97。

3. 矢代幸雄，〈禪宗美術的象徵主義研究〉，引自《新美術》，1992 年第三期。

4. 冉雲華，〈禪宗「見性」思想的發展與定型〉，引文見於台北《中華佛學學報》，1995 年第八期。

5. 安一淡川，〈意蘊無窮的筆跡——禪畫〉，引自《美術譯叢》85－4 期。

6. 辛意雲，〈寂靜的春天——清朝的藝術〉，引自《藝術貴族》雜誌，1991 年八月號第 20 期，頁 79～81。

7. 李岳勳，〈禪的牧牛圖〉，引文見於《禪宗典籍研究》（張曼濤主編現代佛教學術叢刊，第二輯之十二。）台北大乘文化出版社，1978 年版。

8. 李學武，〈禪對文人畫意境的影響〉，出自《青海師範大學學報》（哲學社會科學版），1999 年版，頁 96～98。

9. 李志夫，〈清貧思想與環保哲學之比較〉，出自《清貧思想與環保哲學》，1996 年版，頁 97～106。

10. 李蕭錕，〈靜契曉雲導師「雪夜梅花初放」禪畫淨地〉，引自《華梵鐘聲》第 16 期第 2 版，2003 年 3 月 20 日。

11. 余紅，〈個體啟蒙與藝術自主〉，出自《藝術與精神》，北京社科文獻出版社，2000 年版，頁 219。

12. 余國藩，〈宗教與中國文學〉，引自《中外文學》第十五卷第六期，1986 年版。

13. 邢東風，〈慧能禪宗思想的三個問題〉，引自台北華梵大學《第七屆儒佛會通暨文化哲學學術研討會論文集》，2003 年版，頁 455。

14. 刑光祖，〈禪對中外詩畫的影響〉，引文見於《禪學論文集（一）》（張曼濤主編現代佛教學術叢刊）台北大乘文化出版社，1978 年版。

15. 杜松柏，〈禪宗的體用研究〉，《中華佛學學報》第一期。

16. 杜繼文，〈禪・禪宗・禪宗之禪〉，引自《禪學研究》第三輯，江蘇古籍出版社，1998 年版。

17. 高居翰，〈日本收藏的中國宋元禪畫〉，引自《美術研究》83－2 期。

18. 明復法師〈禪畫在中國之發展及其前途〉一文，收於《華梵佛學年報》，台北原泉出版社，1982 年版，頁 371。

19. 柳田聖山，〈禪與日本人的審美意識〉，引自《名家說禪》，上海社科院出版社，2002 年版，頁 255～259。

20. 唐君毅，〈生命存在與心靈境界・導論〉，引自郁龍余編，《中西文化異同論》，北京三聯書店，1989 年版，頁 43～44。

21. 章利國，〈中日繪畫中的禪宗美學及其比較〉，引自《禪學研究》第三輯，江西古籍出版社，1998 年版，頁 123～125。

22. 盧谷，〈馮伯田詩序〉，參見《桐江集》。

23. 陳德禮，〈妙觀逸想：古代藝術家的審美體驗及其意義世界〉，《華中師範大學學報：人文社科版》，湖北武漢，1998 年 1 月。

24. 陳允吉，〈論王維山水詩中的禪宗思想〉，引自《唐詩中的佛教思想》，台北商鼎文化出版社，1993 年版，頁 17。

25. 彭震球，〈從「園林文學」談起〉，引自曉雲法師等，《園林思想》，台北原泉出版社，1996 年版。

26. 程兆熊，〈由園林說到園林文學〉，引自曉雲法師等，《園林思想》，台北原泉出版社，1996 年版，頁 89。

27. 無住，〈禪宗對我國繪畫的影響〉，引文見於《佛教與中國文化》（張曼濤主編現代佛教學術叢刊，第二輯之八。）台北大乘文化出版社，1978 年版。

28. 鈴木大拙，〈禪與茶道〉，引自《佛教與東方藝術》，吉林教育出版社，1991 年版。

29. 鈴木大拙，〈禪與日本人的自然愛〉，引自《佛教與東方藝術》，吉林教育出版社，1989 年版。

30. 楊惠南，〈佛教美學〉引自台北空中大學印行姜一涵、曾昭旭等人合著之《中國美學》第四章，1992 年版。

31. 潘襎，〈由抽象繪畫與禪畫試論東西藝術的差異〉引自《法光論壇》第一期，1997 年版，頁 130～140。

32. 蔣勳，〈大乘思想影響中國佛教藝術〉，引文見於《佛教與中國文化》（張

曼濤主編現代佛教學術叢刊，第二輯之八。）台北大乘文化出版社，1978
年版，頁 190。

33. 劉方，〈大慧宗杲「妙悟」說的美學意蘊及影響〉，《學術界》雜誌，安徽
合肥，1997 年 1 月。

34. 劉方，〈中國當代禪宗美學研究概觀〉，《西南民族學院學報》雜誌（社會
社會科學版），1996 年第 1 期，頁 10～15。

35. 曉雲法師，《佛教藝術講話》〈宗教與藝術——論佛教空有之藝術思想〉，
台北原泉出版社，1991 年版。

36. 錢穆，〈新三不朽論〉，引自《歷史與文化論叢》，台北東大圖書公司，1979
年版。

37. 錢穆，〈評胡適與鈴木大拙討論禪〉，引自《海潮音》，1977 年版。

38. 錢穆，《錢賓四先生全集‧中國學術思想史論叢》（二）〈佛學傳入對中國
思想界之影響〉，台北聯經出版社，1996 年版。

39. 錢穆，《錢賓四先生全集‧中國學術思想史論叢》（二）〈大乘佛法〉，台
北聯經出版社，1996 年版。

40. 錢穆，《錢賓四先生全集‧中國學術思想史論叢》（二）〈黑格爾思想之根
本錯誤〉，台北聯經出版社，1996 年版。

41. 錢仲聯，〈佛教與中國古代文學的關係〉，引自張錫坤主編，《佛教與中國
藝術》，吉林教育出版社，1989 年版，頁 515。

42. 韓林德，〈禪宗與中國美學〉，引自《中國審美意識的探討》，北京中國戲
劇出版社，1989 年版，頁 156。

43. S. Hisamatsu, "On Zen Art", The Eastern Buddhist, Vol1, No.2, Sept.1966,
pp32-33.

附　圖

附圖 1：弘一法師　最後書跡「悲欣交集」

附圖 2：龍門二十品　　「始平公碑」

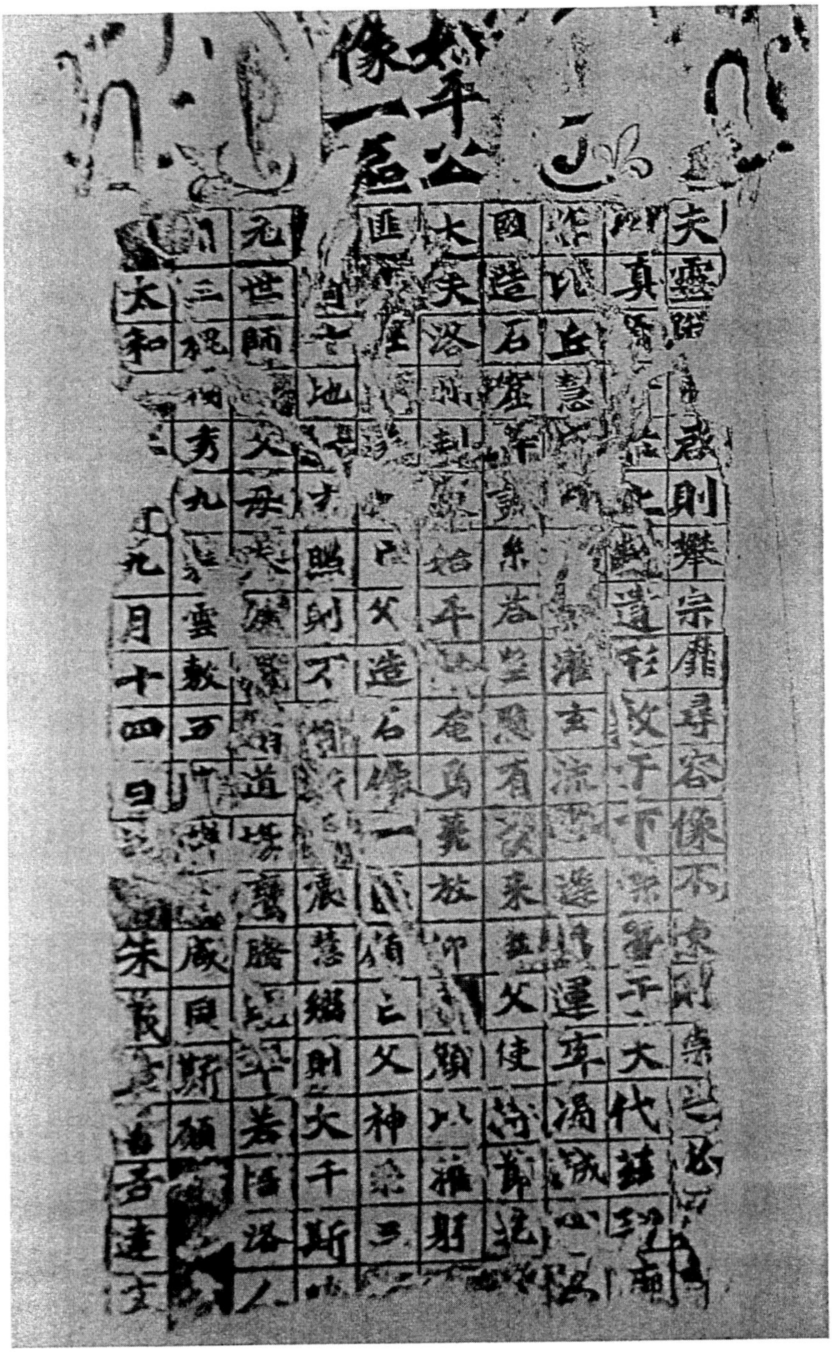

附圖 3：北魏張猛龍碑

附圖4：山東鄒縣四山摩崖「岡山摩崖」

附圖 5：山東鄒縣四山摩崖「鐵山摩崖」

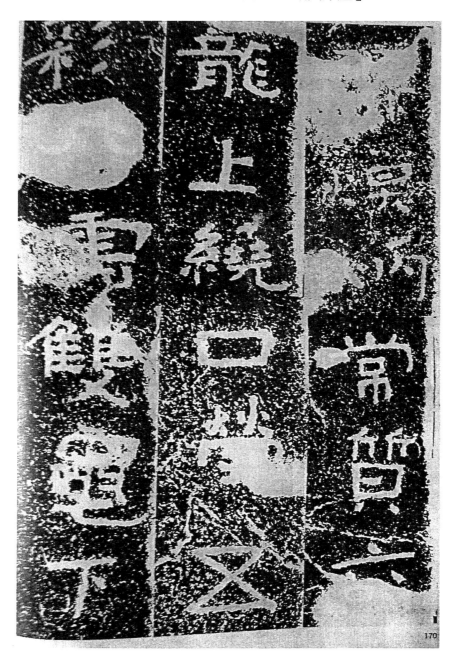

附圖 6：日本京都龍源寺禪

附圖 7-1：梁楷　六祖截竹圖（部分放大）

附圖 7：梁楷　「六祖截竹圖」

附圖 8　梁楷　「六祖撕經圖」

附圖 9：米友仁「瀟湘奇觀圖」（部份）

附圖 10：馬遠「寒江獨釣」

附圖 11：貫休「羅漢圖」

附圖 12：貫休「觀音圖」

附圖 13：石濤　搜盡奇鋒打草稿（部分）

附圖 13-1：石濤　搜盡奇鋒打草稿（部分）

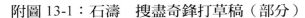

附圖 14：石濤「此吾前身也」

附圖 15：曉雲法師　好向清涼地歇腳

附圖 16：曉雲法師　「雪夜梅花初放」

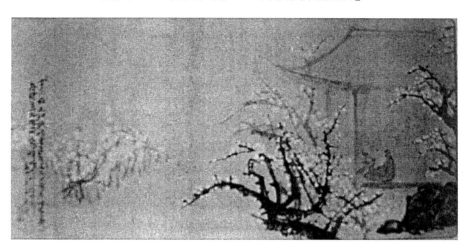